RÈGLEMENT

SUR LE

SERVICE DU CASERNEMENT

(DÉCRET DU 3 MARS 1899)

Volume mis à jour au 20 mai 1918.

PARIS

HENRI CHARLES-LAVAUZELLE

Éditeur militaire

124, boulevard Saint-Germain, 124

(MÊME MAISON A LIMOGES)

RÈGLEMENT

SUR LE

SERVICE DU CASERNEMENT

(DÉCRET DU 3 MARS 1899)

Volume mis à jour au 20 mai 1918.

PARIS

HENRI CHARLES-LAVAUZELLE

Éditeur militaire

124, boulevard Saint-Germain, 124

—

(MÊME MAISON A LIMOGES)

RÈGLEMENT

SUR LE

SERVICE DU CASERNEMENT

Le Ministre de la guerre à MM. les Gouverneurs militaires de Paris et de Lyon; les Généraux commandant les corps d'armée; le Général commandant la division d'occupation de Tunisie.

Paris, le 16 mars 1899

(Envoi du règlement du 3 mars 1899 sur le service du casernement.)

Mon cher Général, le rapport au Président de la République qui précède le décret du 3 mars 1899, portant règlement sur le service du casernement, indique l'esprit général qui différencie ce règlement de celui du 30 juin 1856, jusqu'ici en vigueur.

Mais, comme ce règlement apporte à des habitudes déjà anciennes des changements notables, je crois devoir entrer dans quelques éclaircissements complémentaires sur le mode d'application de ses principaux articles.

Le texte des articles de 6 à 11 est assez net pour ne laisser aucune indécision sur l'action du commandement à tous les échelons de la hiérarchie, et sur l'indépendance des chefs de corps et de service à l'égard de toute ingérence autre que celle des chefs sous les ordres desquels ils sont normalement placés. La seule restriction de cette liberté est celle, indiquée à l'article 11, de n'apporter aucune modification à l'état des lieux. L'obligation mentionnée au même article d'informer le chef du génie des changements apportés à la destination des divers locaux ne doit être interprétée que comme une sauvegarde de la responsabilité du chef de corps, pour le cas où le mode nouveau d'occupation entraînerait des détériorations ou risquerait de compromettre la solidité des constructions. Ces informations seront d'ailleurs superflues lorsque les modifications de l'occupation, telle qu'elle est prévue à l'état d'assiette, sont manifestement sans inconvénient au point de vue qui vient d'être indiqué.

Les articles 12, 13 et 14 définissent l'intervention des services du génie, de l'intendance et de santé dans l'exécution du service du casernement.

Le rôle du service de santé n'avait pas été jusqu'ici explicitement mentionné. Les services du génie et de l'intendance sont désormais déchargés de l'intervention permanente que leur attribuaient les prescriptions du règlement du 30 juin 1856, source autrefois de discussions incessantes ou de conflits avec les corps de troupe, conflits qui n'avaient disparu dans ces dernières années que par l'abandon où était tombée l'observation stricte des prescriptions réglementaires.

Le service du génie n'aura plus désormais à porter son attention que sur les questions intéressant la conservation des bâtiments et terrains dépendant du service du casernement, sans intervention dans le mode d'occupation.

Le service de l'intendance exercera son action uniquement au point de vue des conséquences financières pour l'administration des corps de troupe et en ce qui concerne l'exécution du service des lits militaires.

L'article 15 donne une existence légale et permanente à la commission de casernement que l'usage, plus que les prescriptions réglementaires, entraînait à convoquer, suivant les circonstances, pour l'étude de certaines questions. J'attache un intérêt particulier à ce que les procès-verbaux résumant les avis de cette commission soient le point de départ de toutes les études, quelles qu'elles soient, concernant le casernement, toutes les fois qu'il s'agira soit de créations nouvelles, soit d'extensions ou d'améliorations intéressant plusieurs corps ou services.

L'assiette du casernement est réglée conformément aux prescriptions du chapitre II, articles 17 à 24.

Conformément aux prescriptions antérieures, je me réserve de fixer l'état d'occupation des constructions neuves au moment de leur mise en service, ainsi que toutes les modifications qui peuvent être nécessitées ultérieurement à cet état initial.

L'évaluation de la contenance des bâtiments est réglée par l'article 18, qui consacre quelques innovations. Il m'a paru utile, en effet, à la fois pour faciliter la répartition des troupes dans les divers établissements d'une garnison et pour avoir des renseignements comparables sur l'ensemble du territoire, de faire ressortir dans l'état détaillé de l'assiette la contenance en unités tactiques, la contenance normale, une contenance maxima et enfin les places éventuelles.

Les divers états à fournir sont indiqués aux articles 17 à 23, et les modèles correspondants figurent aux annexes du règlement.

Les chapitres III et IV, relatifs à l'organisation et à l'aménagement des logements et accessoires du casernement et à l'alimentation en eau, à l'éclairage et au chauffage, réglementent et coordonnent de nombreuses dispositions édictées postérieurement à la date du 30 juin 1856.

Le chapitre V prescrit les opérations à effectuer pour l'occupation et l'évacuation du casernement. Il est à remarquer que la responsabilité des corps étant engagée dans l'entretien de leur casernement, il leur appartiendra d'en constater l'état lors de son occupation, en consignant leurs observations soit sur l'état des lieux, soit sur les inventaires (art. 47).

Les chapitres VI, VII et VIII, concernant la police des bâtiments militaires, les dégradations et pertes, les établissements des services administratifs, du service de santé, de la remonte, de la justice militaire et bureaux divers, reproduisent les prescriptions antérieures ou coordonnent des dispositions éparses dans divers règlements.

Au chapitre IX (Locations) il convient de remarquer que la convenance des locations est constatée par la commission de casernement (art. 79).

Par modification aux prescriptions antérieures, les baux sont passés (art. 80 et 81), suivant les cas, par le sous-intendant, le directeur du service de santé ou le chef du génie. Le paiement des loyers est au compte des services intéressés.

La commission de casernement intervient dans les mêmes conditions pour la reconnaissance des bâtiments et terrains mis temporairement à la disposition du service du casernement par les administrations publiques et les particuliers.

Le chapitre XI attribue au commandant de corps d'armée l'administration des fonds d'entretien du casernement, alloués en bloc pour le corps d'armée (art. 95).

Le commandant de corps d'armée aura à faire de ces fonds deux parts : l'une destinée à alimenter la masse de casernement (article 102) des corps de troupe et établie d'après le classement attribué par l'article 105 (annexe n° 4) aux casernements de ces corps, l'autre affectée au service du génie pour l'exécution des travaux d'entretien qui, d'après la nomenclature de l'annexe n° 3, n'incombent pas aux corps de troupe. Cette dernière part sera répartie, déduction faite d'une réserve, entre les places de la région, au prorata de leurs besoins.

Des états de répartition, arrêtés par le commandant du corps d'armée et faisant connaître, pour chaque place, la part revenant aux corps et celle attribuée au service du génie, me seront adressés chaque année, afin que je puisse m'assurer que les demandes de délégation de crédits des directeurs cadrent avec la répartition adoptée.

La gestion de la masse de casernement (chapitre XII) a lieu

conformément aux règles fixées par le règlement sur l'administration et la comptabilité des corps de troupe (article 112).

L'exécution des travaux par les corps est réglée par les dispositions de l'article 116. J'appelle votre attention sur la latitude laissée aux corps d'employer des ouvriers civils, si les ressources de la masse le permettent. On pourra ainsi, dans certains cas, éviter de distraire de leur service normal un trop grand nombre d'hommes de troupe.

DISPOSITIONS TRANSITOIRES.

Le règlement sera appliqué à partir du 1er mai 1899.

Je ferai connaître prochainement à chaque commandant de corps d'armée l'allocation globale attribuée à l'entretien du casernement pour les huit derniers mois de l'année ; vous voudrez bien la répartir comme il a été expliqué ci-dessus et m'adresser la copie de cette répartition.

La masse de casernement sera également constituée dans les corps à la date du 1er mai ; des instructions de détail vous seront données en temps opportun à ce sujet.

En attendant la réfection des états d'assiette, qui doit entraîner un travail assez considérable, on prendra comme base des primes trimestrielles les chiffres portés aux états actuels pour la contenance en hommes et chevaux, y compris les places éventuelles.

C. DE FREYCINET.

Règlement sur le service du casernement.

Paris, le 3 mars 1899.

RAPPORT AU PRÉSIDENT DE LA RÉPUBLIQUE FRANÇAISE.

Monsieur le Président,

Les prescriptions du règlement du 30 juin 1856 sur le service du casernement ne sont plus en rapport avec les attributions étendues que l'organisation actuelle de l'armée a données aux corps de troupe, ni avec l'initiative et la responsabilité dévolues au commandement et aux chefs de corps. Un certain nombre de ces prescriptions ont cessé d'être régulièrement appliquées, notamment celles qui concernent l'occupation du casernement et, en fait, les corps ont acquis la plupart des droits attribués au locataire dans le contrat ordinaire de louage.

Cette situation a été d'ailleurs implicitement reconnue lorsque, par le règlement provisoire du 20 juin 1888, on a confié aux corps le soin d'effectuer dans leurs casernements les principales réparations locatives, ainsi que certains travaux de menu entretien qu'il y a un intérêt évident à leur réserver.

Un de mes prédécesseurs a jugé qu'il serait préjudiciable à la bonne marche des services de laisser plus longtemps subsister l'écart qui vient d'être signalé entre la règle écrite et le *modus vivendi* créé par l'usage, en même temps qu'il constatait la convenance de donner un caractère définitif aux dispositions mises à l'essai depuis 1888 pour l'entretien du casernement.

M. le général Billot a, en conséquence, chargé une commission, composée de représentants des armes et services intéressés, d'étudier la revision de la réglementation de 1856.

C'est le résultat des travaux de cette commission, revu et complété par mes soins, que j'ai l'honneur de vous soumettre avec le présent rapport.

Les dispositions admises dans le projet de règlement ci-joint découlent de deux principes : d'une part, extension au service du casernement des mesures de décentralisation successivement appliquées dans la plupart des autres services militaires; d'autre part, assimilation de la situation respective des corps ou services intéressés à celle qui résulterait d'un bail où interviendraient : d'une part, le service du génie, représentant l'Etat propriétaire; d'autre part, le corps ou service occupant, locataire.

J'ai, du reste, cherché à donner à ces bases fondamentales toute l'extension compatible avec les lois et décrets qui régissent l'organisation et l'administration de l'armée, tout en sauvegardant efficacement la responsabilité du Ministre de la guerre.

Pour ne citer que les points les plus saillants, c'est ainsi que les généraux commandant les corps d'armée sont investis de la haute direction de l'administration du casernement dans leurs régions respectives, et qu'ils reçoivent des pouvoirs étendus pour régler au mieux des besoins la répartition des crédits d'entretien affectés à l'ensemble des établissements de la région. C'est ainsi également que les corps de troupe ont la pleine et entière jouissance des bâtiments qu'ils utilisent et qu'un fonds spécial est mis à leur disposition, sous le nom de masse de casernement, pour leur permettre d'assurer, par tels moyens qu'ils jugent convenables, les réparations locatives et les travaux de menu entretien qu'exigent la bonne tenue, le bon aspect et l'hygiène du casernement.

En outre, les attributions des services du génie, de l'intendance et de santé sont soigneusement définies et délimitées, de telle sorte que chacun ait la part d'action qui lui revient légitimement, sans s'ingérer dans ce qui concerne particulièrement les services voisins et sans gêner l'exercice des droits accordés aux corps de troupe.

L'action des corps et des services intéressés est d'ailleurs coordonnée, dans chaque place, par un organe spécial, la commission de casernement, dont l'existence était déjà consacrée par le règlement de 1856, mais dont j'ai cru devoir étendre la compétence à l'étude de toutes les questions d'ordre général concernant le casernement de la place.

J'ai le ferme espoir que, sous l'influence régulatrice locale de ces commissions et sous la haute direction des commandants de corps d'armée, l'application des dispositions prévues permettra d'assurer dans les meilleures conditions possibles, en ce qui concerne le bien-être des occupants et la bonne gestion des ressources budgétaires, le complexe et si important service du casernement.

J'ai, en conséquence, l'honneur de vous demander de vouloir bien, si vous partagez cette manière de voir, revêtir de votre signature le projet de décret ci-joint.

Veuillez agréer, Monsieur le Président, l'hommage de mon respectueux dévouement.

Le Ministre de la guerre,
C. DE FREYCINET.

Décret portant règlement sur le service du casernement.

LE PRÉSIDENT DE LA RÉPUBLIQUE FRANÇAISE,

Sur le rapport du Ministre de la guerre,

Vu le règlement du 3 avril 1862 rendu pour l'exécution du décret du 31 mai 1862 portant règlement général sur la comptabilité publique;

Vu la loi du 24 juillet 1873 sur l'organisation de l'armée;

Vu la loi du 3 juillet 1877 sur les réquisitions militaires et le décret du 2 août suivant portant règlement d'administration publique pour l'application de cette loi;

Vu la loi du 16 mars 1882 sur l'administration de l'armée;

Vu le décret du 3 juillet 1883 portant règlement d'administration publique pour le classement des établissements et services spéciaux destinés à assurer la défense générale du pays et à pourvoir aux besoins généraux des armées;

Vu le décret du 9 septembre 1888 sur la comptabilité des matières appartenant au département de la guerre;

Vu le décret du 14 janvier 1889 sur l'administration et la comptabilité des corps de troupe;

Vu le décret du 25 novembre 1889 sur le service de santé de l'armée à l'intérieur;

Vu le décret du 15 janvier 1890 sur le service du chauffage dans les corps de troupe;

Vu le décret du 29 mai 1890 portant règlement sur le service de la solde et les revues;

Vu le décret du 4 octobre 1891 sur le service dans les places de guerre et villes ouvertes;

Vu les décrets du 20 octobre 1892 sur le service intérieur des troupes d'infanterie, de cavalerie, d'artillerie et du train des équipages;

Vu le décret du 26 juillet 1893 sur l'administration et la comptabilité des écoles militaires;

Considérant qu'il importe de mettre la réglementation du service du casernement en harmonie avec l'organisation actuelle de l'armée et de rendre définitives, en les améliorant et en généralisant leur application, les dispositions du règlement provisoire du 20 juin 1888 sur l'entretien des casernements par les corps occupants,

DÉCRÈTE :

CHAPITRE 1er.

DISPOSITIONS GÉNÉRALES. — ATTRIBUTIONS.

Objet du service du casernement.

Art. 1er. Le service du casernement comprend l'exécution des prescriptions relatives à l'affectation aux troupes et services des meubles et immeubles militaires, à leur prise de possession, à leur occupation et à leur remise, enfin à la participation des corps de troupe et des services du génie, de l'intendance et de santé aux diverses opérations et dépenses qui en résultent.

Etablissements affectés au service du casernement.

Art. 2. Le casernement comprend tous les établissements affectés au logement, au service et à l'instruction des troupes, ainsi qu'aux divers états-majors et services de la guerre, savoir :

1º Les casernes des troupes à pied ;

2º Les quartiers des troupes montées ;

3º Les pavillons et logements d'officiers, fonctionnaires ou employés militaires ;

4º Les camps permanents ;

5º Les gymnases et écoles de natation ;

6º Les manèges ;

7º Les hangars aux manœuvres ;

8º Les champs de manœuvres, les champs de tir pour armes portatives, les stands ;

9º Les bureaux des états-majors, du recrutement, des services du génie, de l'intendance et de santé, ainsi que ceux de l'artillerie, lorsqu'ils ne sont pas installés dans les bâtiments dépendant de ce service ;

10º Les immeubles utilisés par le service de la remonte, lorsqu'ils appartiennent à l'État ou sont prêtés par les municipalités ;

11º Les hôtels et bureaux des tribunaux militaires ;

12º Les établissements pénitentiaires militaires ;

13º Les établissements des services administratifs ;

14º Les établissements du service de santé, à l'exception des pavillons ou salles militaires des hospices civils ;

15° Les corps de garde, à l'exception de ceux qui constituent des annexes immédiates des magasins à poudre et de ceux qui ont exclusivement pour objet la police urbaine ou la garde des établissements civils ;

16° Les écoles militaires, à l'exception de l'Ecole d'application de l'artillerie et du génie, de l'Ecole militaire de l'artillerie et du génie et de l'Ecole militaire préparatoire de l'artillerie et du génie ; les prescriptions du présent règlement ne sont toutefois applicables à ces établissements qu'autant qu'elles ne sont pas contraires aux dispositions spéciales qui régissent les écoles;

17° Les locaux de la fortification et de ses dépendances, lorsqu'ils sont affectés en temps de paix au logement des troupes ou sont utilisés par les services administratifs ou de santé.

Les hôtels des officiers généraux, ainsi que les réunions, bibliothèques et mess d'officiers installés dans les bâtiments militaires, ne sont pas soumis aux règles fixées pour les autres parties du casernement.

Etablissements militaires non compris dans le service du casernement.

Art. 3. Les bâtiments et terrains utilisés par les établissements spéciaux de l'artillerie, du génie et des poudres et salpêtres ne sont pas compris dans le service du casernement; leur administration est exclusivement dans les attributions des services auxquels ils sont affectés (1).

Les casernements de la gendarmerie, de la garde républicaine et des sapeurs-pompiers de Paris ne sont pas régis non plus par le présent règlement.

Bâtiments et terrains pris à loyer par le service militaire
ou mis à sa disposition.

Art. 4. Lorsque les ressources du casernement sont insuffisantes, il est pourvu aux besoins de ce service par des immeubles pris à loyer, lesquels sont dès lors considérés comme établissements militaires et soumis aux dispositions du présent règlement

Les mêmes dispositions sont applicables aux immeubles mis gratuitement à la disposition du département de la guerre par les administrations publiques ou par les particuliers, mais sous la réserve des conditions éventuellement stipulées.

Exécution du service du casernement.

Art. 5. L'exécution du service du casernement est assurée, sous l'autorité supérieure du Ministre de la guerre, par le commandement à tous les degrés de la hiérarchie, les commandants

____

(1) Voir page 90, la circulaire du 9 septembre 1899.

d'armes, les chefs de corps et de service et par les représentants
des services du génie, de l'intendance et de santé, conformément
aux règles ci-après.

Attributions réservées au Ministre de la guerre.

Art. 6. Le Ministre de la guerre règle tout ce qui se rapporte à
la création des établissements du casernement, à leur extension,
leur amélioration, leur conservation et leur entretien; il fixe leur
contenance réglementaire, ainsi que le mobilier qu'ils doivent
recevoir, et statue sur leur affectation à telle arme ou tel service.

Il arrête, chaque année, l'assiette du casernement; il autorise
les locations d'immeubles.

Attributions des commandants de corps d'armée.

Art. 7. Par délégation du Ministre, les commandants de corps
d'armée sont investis, dans les limites fixées par le présent règlement, de la haute direction du service du casernement pour les
troupes et services placés sous leur commandement; conformément aux dispositions de l'article 14 de la loi du 24 juillet 1873 et
de l'article 10 de la loi du 16 mars 1882, ils exercent la surveillance permanente du même service pour les établissements dont
le Ministre s'est réservé la direction immédiate.

Ces officiers généraux transmettent au Ministre, avec leurs
observations, les états d'assiette du casernement (1).

Ils statuent définitivement, sauf recours des intéressés, sur les
difficultés qui peuvent s'élever lors de la prise de possession du
casernement, au sujet de l'état d'entretien des locaux ou du mobilier, et sur les contestations auxquelles peut donner lieu l'imputation des dégradations et pertes.

Toutes les propositions relatives à l'amélioration ou à l'extension du casernement leur sont adressées; ils déterminent celles
de ces propositions qu'il convient d'inscrire aux états sommaires
de prévision, les font étudier sous forme d'avant-projets sommaires, en fixent l'ordre d'urgence, et transmettent les états de
prévision au Ministre avec leurs observations.

En ce qui concerne la construction de nouveaux bâtiments ou
établissements, ils adressent au Ministre, à toute époque, après
s'être renseignés auprès des chefs de service, toutes propositions
qu'ils jugent utiles; ils ne peuvent toutefois faire entreprendre
d'études qu'après y avoir été autorisés.

Enfin les commandants de corps d'armée répartissent les fonds
alloués par le Ministre pour les réparations et entretiens des bâtiments du casernement de leur région, dans les conditions fixées
par le chapitre XI ci-après.

___

(1) Ces états sont envoyés directement au Ministre par le directeur
du génie. (Circulaire du 24 décembre 1913, vol. 74.)

Attributions des généraux de division et de brigade et des directeurs de services.

Art. 8. Les généraux commandant les divisions et brigades et les directeurs de services veillent à l'observation des prescriptions du présent règlement par les corps ou services placés sous leurs ordres.

Ils peuvent adresser au commandant du corps d'armée toutes propositions concernant l'amélioration ou l'extension des bâtiments affectés à ces corps ou services; ils transmettent avec leur avis à cet officier général les demandes de même nature présentées par les chefs de corps ou de service sous leurs ordres.

Attributions des généraux commandant le territoire.

Art. 9. Les généraux commandant les divisions et subdivisions territoriales exercent, par l'intermédiaire des commandants d'armes, la surveillance permanente du service du casernement.

Les généraux commandant les subdivisions désignent, pour chacune des places ou villes de garnison de leur commandement, le fonctionnaire de l'intendance et le médecin militaire qui constituent avec le commandant d'armes et le chef du génie la commission de casernement.

Attributions des commandants d'armes.

Art. 10 (1). Le commandant d'armes est chargé de la police de tous les établissements du casernement dans les conditions fixées par l'article 129 du décret du 4 octobre 1891 (2) sur le service dans les places de guerre et villes ouvertes. Il veille, de concert avec le chef du génie, à la conservation des bâtiments et terrains dépendant du service du casernement (article 152 du même décret)

Le commandant d'armes fait partie de la commission de casernement instituée par l'article 15 ci-après, ou s'y fait représenter par le major de la garnison.

Il statue, sans appel, sur les difficultés qui peuvent s'élever, lors de la prise de possession du casernement, au sujet du nombre ou de la nature des locaux.

Attributions des chefs de corps ou de service.

Art. 11. Les corps ou services ont la pleine et entière jouissance des locaux qui leur sont affectés. Les chefs de corps ou de service ont la faculté de modifier l'occupation prévue à l'état d'assiette, leur initiative à cet égard n'étant limité que par les

---

(1) Modifié par décret du 24 mai 1901 (B. O., p. 880).
(2) Décret abrogé et remplacé par celui du 7 octobre 1909.

ordres du commandement, par les prescriptions fixant les droits des diverses catégories d'intéressés et par l'obligation de n'apporter aucune modification à l'état des lieux ; ils informent, toutefois, le chef du génie des changements qu'ils apportent à la destination des divers locaux.

Les corps ou services prennent en charge le casernement et le mobilier fixe ou mobile qui lui est affecté (1).

Les corps de troupe pourvoient, dans les conditions fixées par le chapitre XII ci-après, à l'exécution des réparations locatives et de divers menus travaux d'entretien. Il en est de même pour les services aministratifs et le service de santé, dans les limites prévues au chapitre XI.

Les chefs de corps ou de service peuvent adresser, par la voie hiérarchique, au commandant du corps d'armée, toutes propositions concernant l'amélioration ou l'extension des bâtiments affectés à leur corps ou service. Ils participent aux études d'avant-projets prescrites par le commandant du corps d'armée.

Dans chaque corps de troupe, l'exécution des détails du service du casernement est confiée à un officier ou adjudant, dont les attributions et la responsabilité sont fixées par les décrets sur le service intérieur des troupes de l'arme et le règlement sur l'administration et la comptabilité des corps de troupe.

Attributions du chef du génie et des officiers, employés militaires
et agents sous ses ordres.

Art. 12. 1° *Chef du génie.* — Le chef du génie exerce, concurremment avec le commandant d'armes, la surveillance générale des bâtiments et terrains dépendant du service du casernement; il est chargé de la conservation de ces immeubles, assure leur entretien dans les limites fixées par le présent règlement et prend ou provoque toutes mesures nécessaires pour la garde des établissements et portions d'établissement non affectés.

Il dresse et présente à la commission de casernement instituée par l'article 15 ci-après, le projet d'assiette du casernement.

Il passe, après autorisation du Ministre, les baux à intervenir pour la location des bâtiments, locaux ou terrains nécessaires au service du casernement et qui ne sont pas destinés aux services administratifs ou de santé.

En ce qui concerne les travaux, le chef du génie a, comme les chefs de corps ou de service, l'initiative de toutes propositions concernant l'amélioration ou l'extension du casernement; il participe à la rédaction des avant-projets relatifs aux questions de

______

(1) Le matériel mobile de casernement appartient actuellement à la masse de couchage et d'ameublement. (Voir le tableau A annexé à l'instruction du 25 mars 1907, vol. 9.)

cet ordre. Il est exclusivement chargé des propositions et études concernant l'entretien des bâtiments militaires et les réparations à y effectuer; des études techniques de toute nature; enfin, de l'exécution de tous les travaux, à l'exception de ceux qui incombent aux corps ou services occupants.

Il assure, d'autre part, la fourniture et la conservation des objets d'ameublement placés par le présent règlement dans les attributions du service du génie (1).

2° *Officiers en sous-ordre, employés militaires et agents du génie.* — Les officiers en sous-ordre coopèrent, sous la direction du chef du génie, à l'exécution de toutes les parties du service de asernement.

Ils sont eux-mêmes secondés et suppléés, s'il y a lieu, par les adjoints du génie (2). Ces employés militaires sont, d'ailleurs, spécialement chargés de la remise et de la reprise des casernements et logements militaires, ainsi que des récolements et inventaires y relatifs.

Les adjoints ont sous leurs ordres, pour les détails du service, les caserniers et concierges ou, à défaut, des **portiers**-consignes (3), gardiens de batterie ou autres agents en remplissant les fonctions.

Les officiers, employés militaires et agents du génie ont le droit de pénétrer sans avis préalable dans tous les locaux du casernement. Ils n'ont pas, du reste, à intervenir dans le mode d'occupation de ces locaux, mais ils sont tenus de signaler au chef du génie, qui en rend compte par la voie hiérarchique au commandant du corps d'armée, toutes les modifications apportées à l'état des lieux par les occupants et tous changements de destination paraissant de nature à entraîner une détérioration quelconque des constructions.

Attributions des fonctionnaires de l'intendance militaire.

Art. 13. Les fonctionnaires de l'intendance militaire sont chargés :

De l'exécution des services des lits militaires (4), du chauffage, de l'éclairage et de l'alimentation en eau, dans les conditions fixées par les règlements y relatifs ;

---

(1) Les objets d'ameublement sont maintenant achetés, entretenus et renouvelés à la charge de la masse de couchage et d'ameublement (article 3 du décret du 8 mars 1907, article 11 de l'instruction du 25 mars 1907, et tableau A annexé à cette instruction, vol. 9).

(2) Aujourd'hui officiers d'administration du service du génie.

(3) Aujourd'hui adjudants d'administration du génie.

(4) Aujourd'hui service du couchage et de l'ameublement. (Voir l'article 69 de l'instruction du 25 mars 1907 pour l'action à exercer sur ce service par ces fonctionnaires.)

Des opérations de constat à effectuer, lorsque la prise de possession ou la remise d'un casernement donne lieu à des difficultés mettant en jeu une responsabilité pécuniaire, et lorsque des contestations se produisent au sujet de l'imputation des dégradations ou pertes;

De la vérification et de la régularisation des comptes en deniers et en matières, établis par les corps de troupe au titre du casernement.

Dans les établissements des services administratifs, les fonctionnaires de l'intendance, en qualité de chefs de service, exercent les attributions et sont soumis aux obligations qui sont définies en matière de casernement par les règlements spéciaux à chacun de ces services. Ils ont l'initiative des propositions et participent à la rédaction des avant-projets concernant l'amélioration ou l'extension des établissements existants; ils passent, après autorisation du Ministre, les baux à intervenir pour la location des bâtiments, locaux ou terrains nécessaires; dans les établissements en gestion directe, ils veillent à l'exécution des réparations locatives et des blanchissages ou peinturages.

Attributions des médecins militaires.

Art. 14. Les médecins des corps de troupe, sous l'autorité du chef de corps et le contrôle technique du directeur du service de santé, établissent les propositions relatives aux opérations concernant l'hygiène des locaux et notamment leur assainissement ou leur désinfection; ils surveillent, conjointement avec l'officier de casernement, l'exécution de ces opérations. Ils donnent leur avis au chef de corps sur les améliorations à proposer au casernement.

Dans les établissements du service de santé, les chefs de service exercent, en ce qui concerne le casernement, les attributions prévues par le règlement sur le service de santé à l'intérieur. Ils ont l'initiative des propositions et participent à la rédaction des avant-projets concernant l'amélioration ou l'extension des établissements existants; ils veillent à l'exécution des réparations locatives et des blanchissages ou peinturages.

Commission de casernement.

Art. 15 (1). Dans chaque place ou ville de garnison, une commission dite « de casernement » est chargée d'étudier les questions d'ordre général se rapportant au service du casernement, qui lui sont soumises par le commandant du corps d'armée.

---

(1) Modifié par décret du 12 janvier 1902 (*B. O.*, p. 35).

Cette commission est composée comme il suit :

a) Dans les garnisons qui ne comprennent que des troupes métropolitaines ou des troupes coloniales :

1° Le commandant d'armes ou le major de la garnison, délégué ;

2° Le chef du génie ;

3° Un fonctionnaire de l'intendance militaire ou du commissariat des troupes coloniales ;

4° Un médecin militaire des troupes métropolitaines ou coloniales,

} désignés par le commandant de la subdivision.

b) Dans les garnisons qui comprennent à la fois des troupes métropolitaines et des troupes coloniales :

1° Le général ou colonel adjoint au préfet maritime, remplacé, dans les places où cet emploi n'existe pas, par l'officier le plus ancien dans le grade le plus élevé des troupes métropolitaines ou coloniales ;

2° L'officier le plus ancien dans le grade le plus élevé, mais inférieur à celui du précédent, des troupes auxquelles n'appartient pas l'officier général ou l'officier visés ci-dessus ;

3° Le chef du génie ;

4° Un fonctionnaire de l'intendance militaire ou du commissariat des troupes coloniales ;

5° Un médecin militaire des troupes métropolitaines ou coloniales,

} désignés par le commandant de la subdivision.

Seront entendus par la commission, tant pour fournir des explications que pour présenter les observations qu'ils jugeront convenables, les chefs de service intéressés dans les questions mises en discussion, lorsque ces services ne seront pas représentés dans la commission.

La présidence de la commission est exercée par celui de ses membres qui a le grade le plus élevé et, à égalité de grade, dans l'ordre suivant :

Officiers ;

Fonctionnaires des services administratifs ou de santé.

Si les fonctionnaires de ces deux derniers services sont de grade égal, la présidence appartient au plus ancien des deux.

La commission de casernement se réunit, sur convocation du commandant d'armes :

a) Normalement et sans ordre spécial, du 1er au 15 novembre de chaque année, pour reviser l'assiette du casernement ;

b) Eventuellement et d'après l'ordre du commandant du corps d'armée, à toute époque, pour examiner les questions de casernement et en particulier les propositions d'amélioration ou d'extension qui intéressent plusieurs corps ou services.

Elle est obligatoirement appelée :

A étudier les propositions présentées par les chefs de service en vue de la prise en location de bâtiments, locaux ou terrains pour les besoins du casernement;

A examiner si les immeubles dont les villes, administrations ou particuliers proposent le prêt remplissent les conditions nécessaires pour l'usage auquel ils sont destinés.

Garde et conservation des établissements du casernement.

Art. 16. La garde et la conservation des établissements du casernement sont confiées aux corps ou services occupants; ceux-ci sont dépositaires des clefs de tous les locaux qui leur sont affectés, que ces locaux soient occupés ou non; ils sont tenus de signaler au service du génie les dégradations autres que celles dont la réparation leur incombe; ils doivent entretenir la propreté, tant à l'intérieur qu'à l'extérieur des bâtiments.

La garde et la conservation des établissements non affectés à un corps ou service, ainsi que des portions de casernement qui cessent momentanément d'être affectées, incombent au service du génie. Les caserniers ou autres agents du génie sont dépositaires des clefs des locaux et sont responsables de la conservation du mobilier qui s'y trouve déposé; ils doivent entretenir la propreté tant à l'intérieur des bâtiments non affectés qu'à leurs abords; ils sont tenus, en outre, d'ouvrir et de fermer les fenêtres, pour le renouvellement de l'air dans les locaux dont ils ont les clefs.

CHAPITRE II.

ASSIETTE DU CASERNEMENT.

États détaillés de l'assiette du casernement.

Art. 17. Il est dressé pour chaque établissement du service du casernement un *état détaillé d'assiette du casernement* (modèle n° 1) indiquant la contenance et l'affectation de tous les locaux.

A cet état est annexée une expédition du *petit atlas des bâtiments militaires*, complété par l'indication des hauteurs d'étages des bâtiments.

Pour les établissements nouveaux, cet état est dressé par le chef du génie, au moment de la mise en service, conformément à l'état d'occupation arrêté par le Ministre.

Pour les établissements existants, lorsqu'il y a lieu de refaire l'état détaillé d'assiette, le chef du génie en prépare le projet, qu'il soumet à la commission de casernement.

Les états arrêtés par cette commission sont transmis, par la voie hiérarchique du service du génie, au commandant du corps d'armée, qui les fait parvenir, avec son avis, au Ministre (4e Direction; Matériel).

Les états approuvés par le Ministre ou modifiés, s'il y a lieu, sont renvoyés pour être déposés dans les archives du chef du génie.

La collection des états concernant les établissements d'une même place constitue l'assiette détaillée du casernement de cette place. Le chef du génie en établit deux copies, dont l'une est envoyée au Ministre et l'autre remise au commandant d'armes, pour être communiquée, par ses soins, aux corps ou services intéressés.

Les états détaillés d'assiette, ainsi que les copies visées ci-dessus, sont mis à jour chaque année, par les soins du chef du génie, aussitôt après notification de l'approbation de l'*état général* dont il est question à l'article 22 ci-après.

Lorsque le chef du génie estime que, par suite des modifications successives apportées aux états détaillés d'assiette, il y a lieu de les refaire, ou lorsqu'il en reçoit l'ordre, il demande au commandant de corps d'armée de prescrire la réunion de la commission de casernement.

Evaluation de la contenance des bâtiments affectés au logement des troupes.

Art. 18. L'état détaillé de l'assiette d'un établissement affecté au logement des troupes doit faire ressortir :

1° La *contenance en unités tactiques*, telle qu'elle résulte de l'affectation assignée à l'établissement par le Ministre; lorsque l'établissement est occupé en outre par de petits détachements à effectif variable, on en indique la composition numérique;

2° La *contenance normale*, établie chambre par chambre, en supposant que le logement des hommes est organisé conformément au présent règlement et que les corps sont pourvus de tous les accessoires nécessaires;

3° La *contenance maxima*, correspondant au cas où, la contenance normale étant inférieure à l'effectif à loger, on serait obligé de sacrifier certains accessoires et de resserrer le logement de la troupe;

4° Les *places éventuelles* ou contenance des locaux qui ne sont pas susceptibles d'être habités d'une façon permanente, mais qui peuvent être occupés temporairement lors des convocations de

réservistes ou de territoriaux, ou en cas d'évacuation du casernement permanent pour cause de travaux de désinfection ou pour
tout autre motif.

Fixation de l'affectation et de la contenance des autres établissements du casernement.

Art. 19. Pour fixer l'affectation et la contenance des locaux
des établissements non destinés au logement des troupes, on tient
compte de l'aménagement desdits locaux et des charges qu'on
peut imposer aux travures des planchers. Les données relatives
à l'espèce, à la quantité et au mode d'arrimage des approvisionnements déposés dans les pièces à destination de magasin sont
fournies par les chefs de service.

Revision annuelle des états détaillés de l'assiette du casernement.

Art. 20. Dans chaque place ou ville de garnison, les états détaillés d'assiette du casernement sont revisés annuellement par la
commission de casernement qui se réunit à cet effet du 1er au
15 novembre; les chefs de corps ou de service ont été invités
préalablement par le commandant d'armes à adresser au chef
du génie les propositions qu'ils peuvent avoir à présenter relativement aux modifications à apporter à l'assiette.

Le chef du génie dresse et soumet à la commission :

1o L'état des modifications à l'assiette du casernement résultant des travaux effectués dans l'année;

2o L'état des propositions des chefs de corps ou service;

3o Un nouveau projet d'assiette, établi en tenant compte des-
dites propositions.

La commission statue sur ce projet, après avoir entendu les
intéressés, si elle le juge utile. La commission doit d'ailleurs se
borner à examiner les modifications à apporter à l'affectation
des locaux; elle n'a pas qualité, en la circonstance, pour for-
muler des propositions entraînant dépense ou modification à
l'état des lieux.

Etats résumés de l'assiette du casernement.

Art. 21. Le chef du génie dresse, pour chaque place, conformément aux conclusions de la commission, un *état résumé de
l'assiette du casernement*. Cet état doit comprendre, dans l'ordre
indiqué par le modèle no 2 et pour chacune des catégories d'établissements :

Les bâtiments appartenant à l'Etat et ceux dont le département de la guerre a la jouissance indéfinie;

Les immeubles pris à loyer par l'État, à quelque titre que ce soit;

Les locaux mis par les administrations publiques ou les particuliers à la disposition du service du casernement.

Il fait connaître pour chacun de ces établissements : 1o l'affectation ; 2o la contenance de l'année précédente; 3o l'état des mutations, avec tableau des gains et pertes de places.

Cet état résumé, signé par les membres de la commission, est transmis par le chef du génie au directeur du génie.

Etats généraux de l'assiette du casernement.

Art. 22. Le directeur du génie réunit tous les états résumés des places de sa direction et en forme un *état général* (modèle no 3), qu'il adresse au commandant du corps d'armée avec un rapport contenant ses observations et en y joignant les états résumés. Le commandant du corps d'armée transmet le tout, avec ses observations, au Ministre de la guerre (4e Direction, Matériel), avant le 31 décembre.

Assiette du casernement arrêtée par le Ministre.

Art. 23. Le Ministre arrête l'assiette du casernement de chaque place ou ville de garnison.

Il renvoie les états généraux approuvés, après modification s'il y a lieu, au commandant du corps d'armée, qui porte à la connaissance du général commandant le génie ou, à défaut, des directeurs du génie, la décision intervenue.

Cette décision est ensuite notifiée aux chefs du génie, qui notent la date de l'approbation ministérielle sur la minute de l'état résumé de chaque place et procèdent à la mise à jour des états détaillés et des deux copies de ces états; l'expédition conservée à l'administration centrale est, à cet effet, renvoyée aux services locaux, en même temps que les états généraux.

Changements autorisés en cas d'urgence ou de force majeure.

Art. 24. Il ne peut être apporté de changements à l'*assiette* du casernement qu'en vertu d'un ordre du Ministre (1).

Toutefois, dans les cas d'urgence ou de force majeure, les commandants de corps d'armée peuvent autoriser ces changements, à charge par eux de rendre compte au Ministre (4e Direction, Matériel).

---

(1) Pour ce qui concerne les changements à l'occupation prévue, voir article 11.

CHAPITRE III.

ORGANISATION ET AMEUBLEMENT DES LOGEMENTS ET DES ACCESSOIRES DE CASERNEMENT.

Observation générale.

Art. 25. Les casernements existants ne seront organisés conformément aux dispositions prévues au présent chapitre et au suivant qu'au fur et à mesure que les ressources budgétaires le permettront.

Les logements des divers corps sont distincts.

Art. 26. Dans les bâtiments militaires désignés pour être occupés par les troupes, les logements des différents corps et même des différentes unités sont, autant que possible, distincts et séparés.

Logement des officiers, assimilés ou employés militaires ayant rang d'officier.

Art. 27. Lorsque les bâtiments militaires sont susceptibles de fournir des logements convenables pour les officiers, assimilés ou employés militaires ayant rang d'officier, ces logements sont attribués d'après les bases fixées au tableau I de l'annexe n° 1.

En principe, un officier marié ou veuf avec enfants vivant avec lui ne peut être tenu d'occuper un logement d'officier célibataire. Toutefois, ce logement pourra lui être exceptionnellement imposé par décision du commandant de corps d'armée, lorsque des motifs de discipline ou d'instruction le rendront nécessaire.

Logement des chevaux des officiers montés.

Art. 28. Les officiers montés, lors même qu'ils ne sont pas logés dans les bâtiments militaires, peuvent placer leurs chevaux dans les écuries disponibles des casernes et quartiers.

En cas d'insuffisance d'écuries dans les bâtiments militaires, le logement est assuré d'abord aux chevaux à titre gratuit des officiers les moins élevés en grade, en ayant soin de loger d'abord ceux des officiers dont la troupe occupe la caserne, puis aux chevaux à titre onéreux. Lorsqu'il n'y a pas assez de place pour ces derniers, ils sont logés en ville aux frais de leur propriétaire.

Dans tous les cas, l'Etat pourvoit au logement des chevaux qui lui appartiennent (chevaux remis à titre gratuit ou à l'abonnement).

Logement des sous-officiers, du chef armurier, etc.

Art. 29. Les logements des sous-officiers, du chef armurier, etc., sont organisés d'après les bases fixées aux tableaux II et III de l'annexe n° 1.

Chambres de troupe (1).

Art. 30. Les caporaux et brigadiers sont logés avec les soldats dans les chambres de troupe.

La contenance normale des chambres de troupe est calculée de manière à ménager l'espace nécessaire pour le placement des lits et du mobilier, ainsi que pour la facilité de la circulation, et de façon à donner à chaque homme un volume d'air d'au moins 17 mètres cubes, indistinctement pour toutes les armes.

La tête de chaque lit est autant, qu'il est possible, adossée à un mur ou à une cloison sans y toucher; l'intervalle entre deux lits doit être de 50 centimètres au moins.

La contenance maxima des chambres de troupe est calculée de manière à assurer à chaque homme un volume minimum d'air de 12 mètres cubes dans les casernements d'infanterie et de 14 mètres cubes dans ceux de cavalerie et d'artill rie, et à laisser au moins 25 centimètres d'intervalle entre deux lits.

Ecuries.

Art. 31. Les chevaux sont espacés entre eux de $1^m,45$ dans les écuries, et il doit être réservé à chaque cheval un volume d'air de 20 mètres cubes au moins.

Accessoires du casernement.

Art. 32. Les accessoires du casernement sont organisés d'après les bases indiquées aux tableaux IV, V et VI de l'annexe n° 1.

Ameublement des pavillons, casernes et quartiers (2).

Art. 33. Le service du génie fournit, pour l'ameublement des pavillons, casernes et quartiers, les divers objets énumérés par l'annexe n° 2 (1), ces objets sont entretenus et remplacés, soit au compte du budget du génie, soit au compte de la masse de casernement ou d'autres masses, selon les indications de ladite annexe.

L'ameublement mobile est pris en charge par les corps et géré par eux pour le compte du service du génie, à l'exception de certains objets spécialement désignés, dont l'entretien et le remplacement incombent à ce service, et qui continuent à figurer à l'inventaire estimatif annuel prévu par le règlement sur la comptabilité des matières. Cet ameublement, affecté à l'immeuble, n'est pas emporté par les corps lors des changements de casernement ou de garnison.

---

(1) Voir la circulaire du 9 avril 1903 et celle du 16 avril 1908 relatives aux mesures à prendre en vue du desserrement du casernement (vol. 83).

(2) Le matériel mobile de casernement appartient actuellement à 'a masse de couchage et d'ameublement (voir le tableau A annexé à l'instruction du 25 mars 1917, vol. 9, indiquant la nature des objets mobiliers au compte de cette masse).

Le mobilier nécessaire aux corps et non compris dans la nomenclature de l'annexe n° 2 est fourni, entretenu et renouvelé dans les conditions fixées par les règlements en vigueur.

CHAPITRE IV.

ALIMENTATION EN EAU. — ÉCLAIRAGE ET CHAUFFAGE.

Droit des occupants.

Art. 34. Les dépenses de l'éclairage extérieur des bâtiments militaires et celles du chauffage et de l'éclairage des corps de garde sont au compte de l'Etat (1).

Les dépenses de chauffage et d'éclairage intérieur des bâtiments et établissements militaires sont au compte des occupants, suivant les règlements spéciaux aux divers services.

La fourniture de l'eau est due gratuitement aux corps de troupe et aux établissements militaires dans les limites arrêtées par les décisions ministérielles.

Le nombre de poêles à fournir aux corps de troupe est déterminé, de concert, par le sous-intendant militaire, le chef du génie et un délégué du conseil d'administration, qui dressent un procès-verbal, lequel, en cas d'accord, est immédiatement exécutoire; dans le cas contraire, il en est référé au commandant du corps d'armée, qui statue (2).

La détermination du nombre de poêles est faite d'aprèsles bases suivantes :

Pour les logements de sous-officiers, chambres d'infirmerie et ateliers des corps, un poêle par local séparé ou pour deux pièces contiguës en communication directe (2) ;

Pour les chambres de troupe, deux à quatre poêles par unité administrative, suivant l'effectif, le climat et les dispositions particulières du casernement (2).

Dans les baraquements, ce nombre peut être augmenté, suivant la région, jusqu'au maximum d'un poêle par baraque de moins de 120 mètres carrés, et d'un poêle par 120 mètres carrés pour les baraques de plus grandes dimensions, étant entendu qu'une fraction de 60 mètres carrés au moins est nécessaire pour donner droit à un poêle supplémentaire (2).

---

(1) Le chauffage et l'éclairage des corps de garde sont au compte de la masse de chauffage et d'éclairage. (Art. 1er du décret du 8 février 1907, vol. 5.)

(2) Ces dispositions sont actuellement sans objet. Les conseils d'administration, ainsi que les commandants de détachements et d'unités formant corps, ont toute indépendance pour fixer le nombre et la nature des poêles, ainsi que la longueur des tuyaux et le nombre de coudes à mettre chaque année en service dans les unités administratives et services généraux du corps. (Art. 57 de l'instruction du 8 février 1907, vol. 5.) Voir les articles 58, 59 et 60 de cette même instruction pour le choix des appareils, l'installation, l'entretien et la conduite des poêles.

Le montage, le démontage, le nettoyage intérieur et extérieur des poêles et tuyaux sont toujours effectués sans frais par lés occupants.

Etude des installations.

Art. 35. Lorsqu'il y a lieu d'installer un calorifère ou d'assurer l'alimentation en eau, gaz ou électricité, d'un établissement existant ou projeté, soit au moyen d'installations créées à cet effet, soit en utilisant celles que possèdent les villes, sociétés ou entreprises, la convenance de la mesure est constatée par le sous-intendant militaire, le chef du génie et le chef du corps ou service occupant ou, à défaut, un officier désigné par le commandement, réunis en conférence, et qui formulent des propositions tant sur les travaux à faire que sur les consommations à prévoir.

Si le projet concerne plusieurs établissements du casernement, l'étude en est confiée à la commission de casernement.

Dans les deux cas, le sous-intendant et le chef du génie se concertent en vue de la rédaction des projets de traités avec les villes, sociétés ou entreprises.

Lorsqu'il s'agit d'alimentation en eau potable, le service de santé est appelé, préalablement à toute étude technique, à donner son avis motivé sur la qualité de l'eau.

Installations concernant l'alimentation en eau.

Art. 36. Les travaux d'installation et d'entretien des conduites d'eau et de leurs accessoires (réservoirs, compteurs, appareils de distribution fixes, etc.) dans les établissements du casernement sont exécutés par les soins et au compte du service du génie, de même que les ouvrages se rapportant à l'alimentation en eau (puits, citernes, etc.).

Toutefois dans les établissements affectés aux services administratifs ou au service de santé, la fourniture et l'entretien des compteurs et des filtres est à la charge du service intéressé; la mise en place de ces appareils est d'ailleurs effectuée par les soins et au compte du service du génie.

Tous les appareils élévatoires d'eau (pompes, norias, etc.) sont, lors de leur premier établissement, fournis par le service du génie, sauf les pompes faisant corps avec un moteur à vapeur, à gaz ou à pétrole, lesquelles sont, ainsi que leur moteur, à la charge du service des subsistances ou du service de santé. Tous autres moteurs que ceux énumérés ci-dessus (manèges, turbines, machines éoliennes, moteurs électriques, etc.) sont, pour premier établissement, fournis par le service du génie.

Les travaux d'installation des appareils élévatoires et de leurs moteurs, et en particulier les canalisations d'eau et de gaz qui peuvent être nécessaires, sont, dans tous les cas, effectués par les soins et aux frais du service du génie.

Les appareils élévatoires d'eau mus à bras d'hommes sont entretenus et remplacés par le service du génie; tous les autres, ainsi que leurs moteurs, sont remis après installation au service des subsistances ou au service de santé, selon le cas, et ces services restent chargés de leur mise en œuvre, de leur entretien et de leur remplacement.

Dans le cas où, sur décision spéciale du Ministre, les corps doivent assurer eux-mêmes l'apport de l'eau qui leur est nécessaire, il est mis à leur disposition des tonneaux sur roues, fournis, entretenus et renouvelés par le service du génie.

Installation concernant l'éclairage (1).

Art. 37. 1° *Eclairage au gaz*. — Dans tous les établissements du casernement, les canalisations de gaz sont établies par les soins et aux frais du service du génie. Les appareils fixes (becs, compteurs, etc.), sont fournis et entretenus par le même service, même pour l'éclairage intérieur des locaux d'habitation. Par contre, la fourniture du gaz, le nettoyage journalier, le remplacement des cheminées en verre, manchons et autres accessoires, incombent aux occupants.

Dans les établissements des services administratifs et du service de santé, les dépenses relatives aux appareils d'éclairage au gaz à l'intérieur ou à l'extérieur des bâtiments sont imputées sur les budgets de ces services.

2° *Eclairage électrique*. — La fourniture et la pose des conducteurs, commutateurs, coupe-circuits, compteurs, rhéostats et autres accessoires sont effectuées par les soins et à la charge du service du génie.

La fourniture des lampes (à incandescence ou à arc) et celle des machines dynamos et des accumulateurs, lorsque l'installation d'une usine électrique est nécessaire, incombent au budget du génie, sauf dans les établissements des services administratifs et de santé, où la dépense correspondante est supportée par les budgets de ces services.

Les frais qu'entraînent le remplacement des lampes à incandescence et la fourniture des charbons pour les lampes à arc ainsi que les dépenses de toute nature résultant du fonctionnement de la distribution électrique, de l'entretien et de la réparation des machines, canalisations et accessoires, sont partagés entre l'Etat et les occupants, dans les conditions fixées à l'article 34.

---

(1) Les dispositions de cet article ont été modifiées par le décret et l'instruction du 8 février 1907 sur le service du chauffage et de l'éclairage dans les corps de troupe. L'annexe A à ce décret (vol. 5) indique que l'achat, l'entretien et le renouvellement du matériel d'éclairage du casernement et du matériel d'exploitation et d'entretien nécessaire pour le service de l'éclairage incombent à la masse de chauffage et d'éclairage.

Mesure des consommations (1).

Art. 38. Toute conduite d'alimentation desservant un établissement du casernement est pourvue d'un appareil de jaugeage ou d'un compteur principal destiné à enregistrer toutes les consommations faites dans l'établissement; il est fait exception pour l'eau concédée à robinet libre et pour l'électricité lorsque l'éclairage est assuré à forfait avec allumage et extinction à des heures déterminées.

Autant que possible, il est installé un compteur particulier pour chacune des parties prenantes responsables.

Règlement et imputation des consommations (2).

Art. 39. Le paiement et la surveillance des consommations ainsi que l'imputation, s'il y a lieu, aux occupants, de tout ou partie des dépenses qui en résultent, sont du ressort du service de l'intendance.

Etablissement des responsabilités.

Art. 40. Les excédents de consommation sont toujours constatés par des procès-verbaux dressés par le sous-intendant militaire et relatant les expériences faites et les travaux exécutés ou proposés. Ces procès-verbaux, auxquels concourent le chef du génie et le représentant du corps ou service intéressé, font connaître les responsabilités encourues.

Parties prenantes isolées.

Art. 41. Les isolés qui obtiennent l'autorisation de faire desservir par un branchement spécial les locaux qu'ils occupent dans les bâtiments militaires en supportent tous les frais d'installation. Ils acquittent directement la dépense de leurs consommations (3).

CHAPITRE V.

OCCUPATION ET ÉVACUATION DU CASERNEMENT.

Avis de l'arrivée d'un corps de troupe.

Art. 42. Dès que le commandant d'armes est informé qu'une troupe doit arriver dans une place pour y tenir garnison, il fait

---

(1) Voir l'annexe n° 3 à l'instruction du 8 février 1907 (vol. 5, p. 208) contenant les prescriptions relatives aux pertes de gaz par suite de fuites dans la canalisation ou de toute autre cause.

(2) Les quantités de combustibles à allouer aux corps pour l'éclairage des casernements sont déterminées par procès-verbaux; en dehors des fixations de ces procès-verbaux, les corps restent libres de faire usage du nombre et de la nature des appareils qu'ils jugent utiles. (Art. 63 et 64 de l'instruction du 8 février 1908, vol. 5, p. 150.)

(3) Voir à ce sujet les circulaires des 18 décembre 1903 et 16 septembre 1905 (vol. 48).

connaître les quartiers qu'elle devra occuper au chef du génie et au sous-intendant militaire; ceux-ci prennent les mesures nécessaires.

Démarches à faire par l'officier de casernement à son arrivée.

Art. 43. L'officier (ou adjudant) de casernement qui précède le corps se présente, à son arrivée, chez le commandant d'armes, pour connaître les bâtiments assignés à la troupe.

Il se rend ensuite chez le chef du génie et le sous-intendant militaire, qui, sur le vu de l'ordre dont il est porteur, prennent toutes dispositions pour que le corps soit mis immédiatement en possession du casernement qui lui est assigné, ainsi que des objets de couchage et de mobilier alloués par les règlements (1).

Prise de possession du casernement.

Art. 44. L'officier de casernement fait avec l'adjoint du génie (2) et, s'il y a lieu, avec l'officier de casernement du corps partant, la visite des locaux affectés aux corps, afin de vérifier contradictoirement l'état descriptif des lieux et les inventaires du matériel laissé par le corps partant.

Les officiers et employés militaires opèrent de la même manière que l'officier de casernement pour la prise de possession des logements et bureaux qui leur sont affectés.

Etat descriptif des lieux.

Art. 45. Le chef du génie fait établir pour chaque établissement et conserve dans les archives du génie de la place un *état descriptif des lieux* (modèle n° 4), détaillé chambre par chambre et mentionnant dans deux parties séparées :

1° L'ameublement fixe, ainsi que les objets de l'ameublement mobile dont l'entretien et le remplacement incombent au service du génie, selon les prescriptions de l'article 33 ci-dessus;

2° Les objets d'ameublement mobile à prendre en charge par le corps, d'après les dispositions du même article (3).

Lors de la première occupation d'un casernement, une expédition ou extrait de cet état est présenté par l'adjoint du génie à l'officier de casernement pour la vérification de l'état des lieux et des objets ci-dessus mentionnés. Cette expédition, après avoir été rectifiée au besoin et complétée par l'inscription du matériel à prendre en charge qui n'est spécialement affecté à aucun local (outils et ustensiles divers), est signée par l'officier de casernement et par l'adjoint du génie et déposée au bureau de ce service; une copie certifiée en est délivrée à l'officier de casernement.

---

(1) Voir l'article 21 de l'instruction du 25 mars 1907 (vol. 9) pour le mode de procéder lors des changements de casernement dans la même garnison, ou des changements de garnison, en ce qui concerne le matériel de couchage et d'ameublement.

(2) Aujourd'hui officiers d'administration du génie.

(3) Voir le renvoi dudit article 33.

S'il s'agit d'une occupation subséquente, l'opération dont il vient d'être parlé est limitée à la première partie de l'état descriptif. L'ameublement mobile est remis dans les conditions indiquées à l'article 46 ci-après.

Remise du matériel (1).

Art. 46. Lors de la première occupation d'un casernement, l'ameublement mobile à prendre en charge par le corps lui est facturé par le service du génie, après vérification et signature de l'état descriptif.

S'il s'agit d'une occupation subséquente, le corps partant remet directement au corps arrivant l'ameublement mobile qu'il a pris en charge, ainsi que tout le matériel qu'il n'emporte pas avec lui (matériel au compte de la masse de casernement, des écoles, etc.); dans le cas d'interruption dans l'occupation, l'ameublement et le matériel en question sont placés provisoirement sous la garde des agents du génie.

Pour effectuer cette remise, le corps partant dresse des inventaires du matériel de chaque catégorie, lesquels sont visés par le sous-intendant militaire, après que ce fonctionnaire a constaté leur concordance avec les écritures du corps.

Après vérification par l'officier de casernement du nouveau corps occupant, les inventaires, signés par cet officier, sont déposés au bureau du sous-intendant militaire. Le passage de l'ameublement mobile d'un corps à l'autre est ensuite régularisé, selon les dispositions du règlement sur la comptabilité des matières.

Difficultés concernant la prise de possession du casernement.

Art. 47. En cas de difficultés dans la prise de possession du casernement, l'officier de casernement consigne ses observations soit sur l'état des lieux, soit sur les inventaires, suivant le cas, et appose sa signature à la suite.

Si la difficulté porte sur le nombre ou la nature des locaux, le chef de corps saisit le commandant d'armes, lequel fait droit à la réclamation ou décide qu'il y a lieu de passer outre.

S'il s'agit des inventaires, de l'état d'entretien des locaux ou du mobilier, ou de toute autre contestation pouvant mettre en jeu une responsabilité pécuniaire, le chef de corps saisit le sous-intendant militaire. Ce fonctionnaire, procédant comme en matière de dégradations et pertes (voir art. 67 ci-après), dresse un procès-verbal de constat qu'il transmet au commandant du corps d'armée: celui-ci statue définitivement ou sauf appel au Ministre dans les trois mois, selon que l'importance du litige ne dépasse pas 500 francs ou est supérieure à ce chiffre.

---

(1) Voir, en ce qui concerne le matériel de couchage et d'ameublement, l'article 21 de l'instruction du 25 mars 1907 (vol. 9).

Remise des clefs et responsabilité des corps.

Art. 48. Immédiatement après la signature de l'état des lieux et des inventaires, les clefs sont remises à l'officier de casernement, qui en donne un reçu, et les corps deviennent responsables des dégradations et des pertes résultant de leur fait tant pour les bâtiments que pour les objets mobiliers qui leur ont été remis.

Remise du casernement au départ.

Article 49. Aussitôt que l'ordre de départ d'un corps ou d'un détachement lui est parvenu, le commandant d'armes en prévient le chef du génie et le sous-intendant militaire, qui prennent, chacun en ce qui le concerne, les dispositions nécessaires pour la reprise du casernement et du matériel.

Les locaux doivent être remis propres et en ordre.

Art. 50. Tout corps qui évacue un casernement, pour quelque motif et avec quelque précipitation que ce soit, doit rendre la totalité des locaux qu'il a occupés dans un état de propreté tel qu'un autre corps puisse les occuper immédiatement.

Si le corps est obligé, par exception, de partir avant que cette opération soit faite, le nettoyage des locaux est effectué à ses frais à la diligence du chef du génie ou du nouveau corps occupant, si les locaux doivent être réoccupés immédiatement.

Les officiers et employés militaires sont pareillement tenus de rendre leurs logements et bureaux propres et en état d'être occupés sur-le-champ.

Vérification de l'état des lieux et des inventaires.

Art. 51. Lorsqu'un corps quitte un casernement, l'officier de casernement fait, avec l'adjoint du génie et l'officier de casernement du corps entrant, la visite des locaux qui doivent être remis, afin de vérifier contradictoirement l'état descriptif des lieux et les inventaires et de reconnaître les dégradations et les pertes.

Si un corps vient à partir sans qu'il ait été procédé aux opérations dont il s'agit et sans qu'il ait été désigné un officier du corps pour y assister, l'état des lieux et les inventaires sont vérifiés d'office. A cet effet, le corps est représenté dans cette vérification par le commandant d'armes ou un officier délégué, et, à défaut d'officier, par le maire de la localité ou son délégué.

Les officiers, fonctionnaires et employés militaires opèrent de la même manière que l'officier de casernement pour la remise des logements et bureaux qui leur sont affectés.

Certificat de bon état des lieux.

Art. 52. Le sous-intendant militaire, lorsque le chef du génie l'a informé de la remise des clefs, délivre un certificat en vertu duquel le corps est déchargé de toute responsabilité relative à son casernement, sauf le paiement des dégradations et des pertes régulièrement constatées.

Les mêmes formalités ont lieu lors de l'évacuation des logements et bureaux des officiers et employés militaires.

Les corps ne peuvent, à leur départ, conserver aucun local.

Art. 53. A leur départ d'une garnison, les corps ne peuvent conserver à leur disposition aucun local, sous quelque prétexte que ce soit.

Mutations dans le casernement.

Art. 54. Si des mutations sont ordonnées dans le casernement des troupes d'une garnison, le commandant d'armes en prévient le chef du génie et le sous-intendant militaire, afin que les opérations d'évacuation et de reprise du casernement (art. 44 à 48) soient effectuées en temps utile.

Evacuation de locaux par suite de réduction d'effectif.

Art. 55. Lorsqu'un corps éprouve des réductions importantes dans sa composition, le commandement apprécie s'il y a lieu de retirer au corps une partie des locaux devenus vacants. Dans ce cas, l'officier de casernement remet ces locaux au service du génie en se conformant aux dispositions des articles 49 à 52 ci-dessus.

Il convient d'ailleurs de n'user de cette faculté que très exceptionnellement, afin de permettre aux corps d'étendre leur casernement et d'augmenter le bien-être des hommes.

Réception des corps de garde; responsabilité des chefs de poste (1).

Art. 56. Les corps de garde sont remis aux adjudants de la garnison par les adjoints du génie de la même manière que le casernement est remis aux officiers de casernement.

En cas de contestation, le chef du génie se concerte avec le commandant d'armes ou son délégué, et, s'ils ne tombent pas d'accord, ils ont recours à l'autorité supérieure.

Le commandant d'armes fait afficher dans chaque corps de garde une copie de l'état des lieux et de l'inventaire des meubles, effets et ustensiles qu'il contient, signé par un adjudant de la garnison.

Les chefs de poste sont responsables des meubles, effets et ustensiles à l'usage des corps de garde, ainsi que des dégradations aux locaux; les remplacements sont effectués aux frais du corps. Le service du génie pourvoit aux réparations et aux remplacements provenant de vétusté ou de circonstances indépendantes de la troupe.

---

(1) Le mobilier des corps de garde est entretenu et renouvelé à la charge de la masse de couchage et d'ameublement des corps de troupe. (Voir l'article 46 de l'instruction du 25 mars 1907, vol. 9.)

Les officiers de ronde et les adjudants de la garnison doivent vérifier, lors de leurs visites, l'état des corps de garde et des objets consignés et assurer leur bon entretien. Un adjudant de la garnison fait la vérification des objets portés sur l'inventaire une fois par mois au moins, et toutes les fois que la garnison de la place est relevée ou que le corps de garde cesse d'être occupé.

CHAPITRE VI.

POLICE DES BATIMENTS MILITAIRES OCCUPÉS PAR LES TROUPES.

Surveillance du commandant d'armes.

Art. 57. Le commandant d'armes exerce la police des établissements occupés par la troupe dans les conditions fixées par le règlement sur le service des places de guerre et villes ouvertes.

Surveillance des chefs de corps.

Art. 58. Les chefs de corps exercent, dans le casernement occupé par la troupe sous leurs ordres, la surveillance prévue par les règlements sur le service intérieur des diverses armes.

Ils doivent veiller d'une façon particulière à ce qu'on n'exécute pas dans les chambres ou corridors des exercices de nature à dégrader les planchers ou à en compromettre la solidité.

Les personnes non militaires ne peuvent loger dans les bâtiments du casernement.

Art. 59. Tout individu qui n'est point militaire en activité de service, ou qui ne fait pas partie d'une administration de la guerre, ne peut occuper un local quelconque dans un bâtiment militaire, à moins d'une autorisation spéciale du Ministre de la guerre.

Formalités exigées pour entrer dans les bâtiments militaires (1).

Art. 60. L'entrée des établissements militaires occupés par les troupes est interdite à tout individu non militaire qui n'est pas porteur d'une permission du commandant d'armes ou du chef de corps, à l'exception des agents accrédités des services de l'artillerie, du génie et de l'intendance et des ouvriers qu'ils emploient.

L'entrée desdits établissements ne peut être toutefois refusée aux agents de l'autorité ou de l'administration civile, lorsqu'elle est réclamée dans les formes légales ou prévue par des instructions particulières.

---

(1) Voir la circulaire du 15 octobre 1894 (vol. 79) et la note ministérielle du 25 mars 1895 (vol. 31).

Les corps sont chargés de la propreté intérieure et extérieure
des casernes.

Art. 61. Les corps entretiennent dans un parfait état de propreté l'intérieur de tous les locaux qu'ils occupent, ainsi que les escaliers, les corridors, les cours et tout particulièrement les latrines, conformément aux prescriptions des règlements sur le service intérieur. Ils sont tenus à prendre les mêmes soins devant les façades des casernes, le long de la voie publique, en se conformant, à cet égard, aux règlements de la police locale.

Les désinfectants dont l'emploi est prescrit par les instructions en vigueur, pour les soins journaliers de propreté des latrines, sont fournis par le service du génie.

Les fumiers sont enlevés une fois par semaine ou plus souvent si l'autorité militaire en reconnaît la nécessité.

Inscription des numéros et des contenances des chambres.

Art. 62. Le numéro de chaque chambre, sa destination et, quand elle est affectée au logement des hommes, les nombres normal et maximum des lits qu'elle peut contenir, sont inscrits par les soins du service du génie au-dessus de la porte d'entrée. Cette inscription ne peut être changée que dans le cas de modification à l'assiette du casernement prescrite par le Ministre.

Affiches dans les casernements.

Art. 63. L'extrait du présent règlement, en ce qui touche la police et la propreté des établissements militaires occupés, doit, afin que nul n'en ignore, être affiché par les soins du chef de corps et, au besoin, du commandant d'armes, dans les lieux les plus apparents des bâtiments au moyen d'imprimés fournis en nombre suffisant par le service du génie.

Visite du casernement par les inspecteurs généraux (1).

Art. 64. Dans la visite des locaux occupés par les corps ou par les services dont ils ont l'inspection, les inspecteurs généraux et leurs délégués sont accompagnés par le chef du génie ou, à son défaut, par l'officier ou l'agent qui le supplée.

Ils peuvent donner l'ordre de faire exécuter immédiatement les travaux d'entretien courant dans la limite des fonds disponibles.

Quant aux travaux qui, ne rentrant pas dans cette catégorie, ne sont pas susceptibles de recevoir une exécution immédiate et nécessitent une approbation ministérielle spéciale, les inspecteurs généraux, après avoir entendu le chef du génie et pris connaissance des projets antérieurs, ainsi que des décisions déjà

---

(1) Les inspections générales sont supprimées; la visite du casernement est faite maintenant au titre du service courant. (Art. 95 de l'instruction du 10 février 1908, vol. 74.)

intervenues sur les mêmes sujets, prescrivent aux chefs de corps ou de service d'en faire l'objet d'une demande motivée adressée au commandant du corps d'armée.

Rapport des inspecteurs techniques du génie au sujet de la tenue du casernement.

Art. 65. Tous les ans, les inspecteurs techniques du génie, après avoir visité les établissements militaires occupés par les troupes et examiné le registre des dégradations et des pertes (voir ci-après art. 71), signalent aux commandants de corps d'armée la manière dont les corps occupent leurs casernements et les soins qu'ils apportent à la conservation et à la bonne tenue des bâtiments qui leur sont confiés et du mobilier appartenant à l'Etat.

CHAPITRE VII.

DÉGRADATIONS ET PERTES.

Constatation des dégradations et pertes.

Art. 66. Une visite des bâtiments occupés est faite une fois par trimestre, par l'adjoint du génie (1), en présence de l'officier de casernement.

Cette visite ne s'applique qu'aux constructions et aux objets mobiliers dont l'entretien incombe au service du génie.

Les dégradations résultant du fait des occupants, c'est-à-dire provenant de négligence, de défaut de soin ou d'abus de jouissance, ainsi que les détériorations et les pertes d'objets mobiliers appartenant à l'Etat, sont à la charge des corps.

Le chef du génie arrête immédiatement l'état détaillé (modèle n° 5) de ces dégradations et pertes, en indiquant approximativement la dépense des réparations et remplacements, et fait présenter cet état à la signature du major ou de l'officier délégué.

Cas de non-acceptation de l'imputation.

Art. 67. Si le major, après en avoir référé au chef de corps, refuse de signer l'état des dégradations et pertes, le sous-intendant militaire, sur l'avis du chef du génie et de concert avec lui et avec le major, procède à une vérification sur les lieux et dresse un procès-verbal des faits, sans les discuter; il y ajoute tous les renseignements fournis par le chef du génie ou le major qui paraissent de nature à définir exactement les circonstances du litige.

Ce procès-verbal, auquel reste annexée une expédition de l'état contesté, est transmis par le sous-intendant au commandant du

---

(1) Aujourd'hui officiers d'administration du génie.

corps d'armée, qui statue. La décision de cet officier général est définitive, si le montant des dégradations ou pertes ne dépasse pas 500 francs; si ce montant est supérieur à la somme de 500 francs, le service du génie et le corps intéressé peuvent se pourvoir auprès du Ministre, dans le délai de trois mois, à partir de la date de la décision intervenue.

Réparations et remplacements.

Art. 68. Dès que l'état des dégradations et pertes a été signé par le major ou, à défaut, dès que le procès-verbal prévu par l'article 67 a été dressé, le chef du génie adresse aux entrepreneurs des travaux d'entretien, chacun en ce qui le concerne, un extrait (modèle n° 6) dudit état avec l'ordre de procéder aux réparations et remplacements.

Les travaux sont exécutés dans le plus bref délai possible, aux prix et suivant les conditions des marchés en vigueur.

Paiement des dépenses de réparations et remplacements.

Art. 69. Lorsque les réparations et remplacements sont effectués, le chef du génie le certifie au bas de l'état des dégradations et pertes et de chacun des extraits délivrés aux entrepreneurs; il arrête en outre l'état et les extraits et adresse la première de ces pièces au conseil d'administration.

Les sommes dues sont payées aux entrepreneurs, sur production de l'extrait qui leur a été délivré, et par les soins du trésorier du corps; elles sont imputées à la masse de casernement, sauf dans les compagnies de cavaliers de remonte et dans les troupes indigènes de l'Algérie et de la Tunisie.

Si le corps a quitté la garnison, le sous-intendant militaire de la place dans laquelle les dégradations et pertes ont été faites, en transmet l'état revêtu du certificat d'exécution à son collègue de la nouvelle garnison, avec une copie certifiée du compte des réparations et remplacements portant décompte des sommes dues à chaque entrepreneur; ce fonctionnaire fait effectuer le paiement par le corps intéressé.

Dégradations et pertes dans les logements d'officiers sans troupe et d'employés militaires.

Art. 70. Les dégradations et pertes faites dans des logements d'officiers sans troupe, fonctionnaires ou employés militaires, sont constatées, réparées et payées suivant des règles analogues à celles posées par les articles 66 à 69 ci-dessus pour ce qui concerne les corps de troupe.

Registre des dégradations et des pertes.

Art. 71. — Le chef du génie fait tenir un registre spécial des dégradations et des pertes au compte des corps, officiers, fonctionnaires ou employés militaires (modèle n° 7).

On porte à ce registre la date des états constatant les dégradations et pertes dont il s'agit, et l'on y copie les comptes définitifs des réparations et remplacements, ainsi que les certificats d'exécution.

Ce registre est présenté aux inspecteurs techniques du génie; il peut être consulté par les inspecteurs généraux et chefs de corps qui en font la demande.

CHAPITRE VIII.

ÉTABLISSEMENTS DES SERVICES ADMINISTRATIFS, DU SERVICE DE SANTÉ, DE LA REMONTE, DE LA JUSTICE MILITAIRE ET BUREAUX DIVERS.

Dispositions communes

Art. 72. Les établissements affectés aux services administratifs, au service de santé, à la remonte, à la justice militaire et les divers bureaux énumérés au paragraphe 9° de l'article 2 sont, sauf les dispositions particulières contenues dans le présent règlement et dans les règlements spéciaux qui concernent chaque service, soumis aux mêmes règles que les bâtiments affectés au logement de la troupe, en ce qui concerne l'aménagement, la prise de possession et la remise des locaux et du mobilier fourni et entretenu par le génie, l'évacuation totale ou partielle et la réparation des dégradations et pertes. Toutefois, les prescriptions qui, dans les chapitres précédents, se rapportent aux corps occupants, doivent être appliquées aux officiers ou agents des divers services, ou bien encore aux entrepreneurs des services administratifs lorsque des bâtiments à l'État leur sont prêtés.

Les bâtiments et locaux situés dans ces divers établissements et affectés au logement des ouvriers d'administration et infirmiers sont assimilés aux autres bâtiments servant au logement de la troupe.

Les arbres de haute futaie ou d'alignement qui existent dans les cours et jardins sont entretenus et renouvelés aux frais et par les soins du service du génie; mais les arbustes et autres plantes d'ornementation sont, ainsi que les jardins eux-mêmes, entretenus par les occupants et à leur compte.

Etablissements des services administratifs.

Art. 73. 1° *Services administratifs en gestion directe.* — Le nombre, la nature, les dimensions et l'aménagement des locaux des divers établissements sont fixés par les règlements spéciaux aux divers services ou par des décisions spéciales du Ministre.

Les objets mobiliers fixes ou mobiles, les mécanismes des usines et le matériel d'exploitation sont fournis, entretenus et remplacés par les services occupants, à l'exception de certains objets, limitativement désignés dans les règlements de ces services, dont la fourniture, l'entretien et le remplacement incombent au budget du génie. Toutefois, les travaux nécessaires pour la mise en place des mécanismes peuvent être faits par le service du génie, si le service de l'intendance le demande, et à charge de remboursement.

2° Services administratifs à l'entreprise. — Lorsque l'exécution d'un service administratif est confiée à un entrepreneur, celui-ci se procure à ses frais les locaux qui lui sont nécessaires.

Toutefois, lors de la passation d'un marché ou au cours de son exécution, l'entrepreneur peut être mis en possession de locaux ou d'objets mobiliers appartenant à l'Etat, dans les conditions qui sont stipulées par le cahier des charges, les règlements en vigueur ou une décision spéciale du Ministre.

Etablissements du service de santé.

Art. 74. Le nombre, la nature, les dimensions et l'aménagement des locaux des établissements du service de santé sont fixés par le règlement spécial à ce service ou par des décisions du Ministre (1).

Le service du génie pourvoit à la construction des appareils de chauffage en maçonnerie, tels que calorifères desservant tout ou partie d'un bâtiment, ainsi que des conduits de chauffage et de ventilation; mais la fourniture et la mise en place de tous objets mobiliers fixes ou mobiles, y compris les fourneaux de cuisine et de pharmacie, incombent au budget du service de santé, qui en assure également l'entretien.

Les mêmes règles sont applicables en ce qui concerne les machines, chaudières de bains ou de buanderie, générateurs de vapeur, étuves et en général tous les appareils nécessaires au fonctionnement du service. Le service du génie n'intervient que pour l'établissement des substructions, lesquelles sont à sa charge, et, s'il en est requis, pour l'exécution, contre remboursement, des travaux relatifs à la pose des machines ou autres appareils ci-dessus visés.

Etablissements de la remonte.

Art. 75. L'organisation des établissements de la remonte et la composition du mobilier à y affecter sont fixées par des décisions spéciales du Ministre.

---

(1) Voir la circulaire du 27 août 1907 (vol. 48) relative aux principes à observer à l'avenir dans la construction ou la restauration des hôpitaux militaires.

Tribunaux militaires.

Art. 76. Il est affecté, autant que possible, aux conseils de guerre et aux conseils de revision, les pièces suivantes :

1º Une salle d'audience ;
2º Une salle de délibération ;
3º Une salle d'attente pour les témoins ;
4º Une salle pour les prévenus ;
5º Une salle ou un vestiaire pour les défenseurs.

En général, ces pièces sont communes aux tribunaux militaires qui siègent dans la même ville.

Il est affecté en plus :

A chaque conseil de guerre, une salle pour les archives et pour le greffe et des bureaux pour le rapporteur ; pour le commissaire du gouvernement et pour leurs substituts.

A chaque conseil de revision, une salle pour les archives et pour le greffe, et des bureaux pour le commissaire du gouvernement et son substitut.

Enfin, il doit y avoir un logement de gardien ou de concierge, et, autant que possible, un corps de garde.

La confection, l'entretien et le remplacement de l'ameublement fixe des conseils de guerre sont à la charge du service du génie.

Les frais d'achat, d'entretien et de remplacement des autres objets mobiliers des conseils de guerre sont à la charge du budget de la justice militaire.

Etablissements pénitentiaires.

Art. 77. L'organisation des établissements pénitentiaires est effectuée, dans chaque cas, sur les bases fixées par le Ministre.

Bureaux divers.

Art. 78. L'organisation des bureaux des divers services donne lieu à l'établissement de procès verbaux de conférence entre le service du génie et les services intéressés ; ces procès-verbaux définissent les besoins à satisfaire et font connaître les dispositions proposées à cet effet : le Ministre statue sur les conclusions présentées.

L'ameublement de ces bureaux est régi par les instructions en vigueur ou par des décisions spéciales.

CHAPITRE IX.

LOCATIONS.

Etudes précédant la passation des baux (1).

Art. 79. Aucune location n'est faite pour les besoins du service du casernement que sur une autorisation du Ministre, et, en cas d'urgence, du commandant du corps d'armée. La convenance en doit être constatée au préalable par la commission de casernement, convoquée par le commandant du corps d'armée, sur la demande motivée du commandant d'armes ou du chef de service intéressé.

Cette commission, après avoir vérifié qu'aucun immeuble ou partie d'immeuble du casernement n'est disponible ou ne remplit les conditions nécessaires, examine et discute les propositions de location présentées par le chef de service intéressé, au double point de vue des intérêts du Trésor et de la convenance de l'immeuble, eu égard à la commodité et à la facilité d'exécution du service de la garnison et aux conditions générales que doivent remplir tous les établissements du casernement.

La discussion sur ces points est résumée dans un procès-verbal où l'on mentionne d'ailleurs tous les renseignements de nature à éclairer le Ministre sur la suite à donner à la proposition présentée : but de la location, désignation de la chose à louer, prix et conditions de la location. Ce document, transmis par le chef de service intéressé, est adressé au Ministre, sous le timbre de la Direction compétente, après avoir été revêtu des avis du directeur du service et du commandant du corps d'armée.

Le Ministre statue sur les conclusions du procès-verbal et donne, s'il y a lieu, des instructions en vue de la passation d'un bail.

Passation des baux.

Art. 80. Les baux sont passés de gré à gré entre le propriétaire de la chose louée ou son fondé de pouvoirs et un officier ou fonctionnaire agissant au nom et pour le compte du département de la guerre, savoir :

a) Le sous-intendant militaire, s'il s'agit d'un immeuble destiné aux services administratifs (bureaux, magasins, etc.);

b) Le directeur du service de santé si l'immeuble est loué pour les besoins de ce service;

c) Le chef du génie, dans tous les autres cas.

---

(1) Voir page 89, la circulaire du 29 mai 1899.

— 39 —

Les baux, établis sous seing privé, énoncent :

1° La date du procès-verbal de la commission de casernement ;

2° La décision ministérielle approbative de la proposition de location ;

3° La description sommaire de la chose louée et la destination qu'on se propose de lui donner ;

4° La durée du bail ;

5° Le prix du loyer, l'époque des paiements et les diverses conditions de la location.

L'époque des paiements est fixée par mois, par trimestre, par semestre ou par année ; on doit toujours stipuler que les paiements sont faits à terme échu.

Il est expressément mentionné dans la rédaction des baux qu'ils sont passés sous réserve de l'approbation du Ministre, sans laquelle ils ne peuvent sortir leur effet (1).

Si le bail n'est pas souscrit par le bailleur, mais par son représentant légal, il mentionne spécialement la procuration du fondé de pouvoirs et la justification de son titre.

Originaux et ampliations à établir.

Art. 81. Les baux sont dressés en trois originaux : l'un est transmis au Ministre, le deuxième est remis au bailleur et le troisième conservé par le chef ou directeur de service signataire du contrat.

C'est d'ailleurs ce chef ou directeur de service qui établit les ampliations nécessaires, savoir :

---

(1) Délégation est donnée aux directeurs régionaux pour l'approbation des baux dont le loyer annuel est inférieur ou égal à 5.000 francs et dont la durée ne dépasse pas trois années, sous la réserve que le bail sera conforme à l'un des modèles-types insérés au *Bulletin officiel*.

Délégation leur est également donnée dans les mêmes limites de durée, pour le renouvellement des baux qui viendraient à échéance, sous réserve que le prix de loyer, quel qu'en soit le montant, restera égal ou deviendra inférieur à ce qu'il était et que les clauses ne seront pas modifiées.

L'attention des autorités régionales est en outre attirée sur l'article 90 ci-après, article rappelant que les immeubles *réquis* ne sont pas considérés comme dépendant du service du casernement. Dans ce cas, les indemnités peuvent être réglées suivant les dispositions de la loi sur les réquisitions (art. 90 précité) ou par accord amiable comme le prévoit d'ailleurs cette loi.

Délégation est également donnée :

Pour l'approbation des procès-verbaux d'affermage et de concession d'occupation temporaire de jouissance, lorsque ces concessions ne présentent pas d'inconvénient pour les intérêts militaires ;

Pour l'approbation des procès-verbaux de dégrèvement des titulaires de baux d'affermages. (Instruction du 18 janvier 1916, vol. 74.)

a) *Baux passés pour les services administratifs.* — Trois ampliations, destinées respectivement au directeur du service de l'intendance, au chef du génie et à l'officier comptable intéressé ;

b) *Baux passés pour le service de santé.* — Deux ampliations, destinées respectivement au chef du génie et à l'officier comptable intéressé.

c) *Baux passés en vue du logement ou de l'instruction des troupes, de l'installation des bureaux, etc.* — Deux ampliations destinées respectivement au directeur du génie et au commandant d'armes.

Enregistrement des baux.

Art. 82. Après que les baux ont reçu l'approbation ministérielle ils sont soumis par le chef ou directeur de service intéressé à la formalité du timbre et de l'enregistrement.

L'enregistrement est gratuit lorsqu'il est laissé par le bail à la charge de l'Etat. Le visa pour timbre est toujours à la charge du bailleur.

Prise de possession, état de lieux ou inventaire.

Art. 83. La prise de possession s'effectue au moyen d'un état de lieux ou inventaire, dressé contradictoirement par un adjoint du génie (1) et par le bailleur.

Cet état ou inventaire, établi en deux originaux, est reconnu par l'agent militaire préposé à la conservation de la chose louée ; il est visé par le chef du génie et par le chef du service intéressé, s'il y a lieu ; l'un des originaux est conservé par ce chef de service, l'autre est remis au bailleur.

Si la location est contractée pour les besoins de la troupe, une ampliation de l'état des lieux ou inventaire est remise au corps intéressé par les soins du chef du génie ; s'il s'agit d'un bail passé par les services administratifs ou de santé, une ampliation est remise à l'officier comptable par le chef du service intéressé.

L'exécution des baux est réglée par le Code civil.

Art. 84. L'exécution des baux, leur résiliation, quand il y a lieu, et leur tacite reconduction sont soumises à toutes les dispositions prescrites par le Code civil.

Officiers et fonctionnaires chargés d'assurer l'exécution des baux.

Art. 85. Chaque chef de service, de concert avec le chef du génie, s'il y a lieu, surveille et assure l'exécution des baux à la passation desquels il a pris part.

---

(1) Aujourd'hui officier d'administration du génie.

Paiement des loyers et liquidation des dépenses (1).

Art. 86. Le paiement des loyers et la liquidation des dépenses de location sont assurés par le directeur du service qui a provoqué la location.

Travaux au compte des bailleurs.

Art. 87. Les travaux de réparation de la chose louée et ceux d'amélioration dont la charge incombe au bailleur sont exécutés à la requête du service intéressé, sous la surveillance des officiers du génie. Lorsque l'exécution de ces travaux est refusée ou mal faite par le bailleur, le chef de service, de concert avec le chef du génie, le constate par un procès-verbal qui est transmis au Ministre, pour être statué ce que de droit.

Remise au propriétaire de la chose louée.

Art. 88. Lorsqu'il y a lieu de rendre la chose louée à son propriétaire, la remise en est faite d'après l'état de lieux.

Les dégradations et pertes provenant des occupants sont réparées au préalable, et l'imputation de la dépense est faite à qui de droit d'après les dispositions du chapitre VII du présent règlement.

La décharge des services intéressés ou des occupants s'opère au moyen de la déclaration écrite au bas de l'état de lieux par le bailleur, et portant que la remise lui a été faite et qu'il n'a aucune réclamation à exercer.

État des baux adressé annuellement au Ministre.

Art. 89. Au commencement de chaque année, l'état, arrêté à la date du 1er janvier, des baux en cours est adressé directement (2) par chacun des directeurs intéressés au Ministre de la guerre (Direction de l'arme ou du service).

Locaux requis.

Art. 90. Lorsqu'en cas d'insuffisance de bâtiments militaires et dans les circonstances prévues par la loi du 3 juillet 1877 et le règlement d'administration publique du 2 août de la même année, des locaux ou immeubles ont été requis pour les besoins des troupes, des services administratifs ou du service de santé, ces locaux ou immeubles ne sont pas considérés comme dépendant du service du casernement.

Le règlement des indemnités de toute nature qui peuvent être dues en raison de leur occupation est effectué selon les dispositions de la loi et du règlement susvisés.

---

(1) Voir la circulaire du 8 mars 1900 (vol. 50).
(2) Instruction du 24 décembre 1913 (vol. 74).

CHAPITRE X.

BATIMENTS ET TERRAINS MIS TEMPORAIREMENT A LA DISPOSITION DU SERVICE DU CASERNEMENT PAR LES ADMINISTRATIONS PUBLIQUES ET LES PARTICULIERS.

Formalités préliminaires.

Art. 91. Lorsqu'en raison de circonstances spéciales ou de l'insuffisance des bâtiments ou terrains appartenant à l'Etat, une ville, une administration ou un particulier offre de mettre temporairement certains immeubles à la disposition de l'autorité militaire pour les besoins du casernement, le commandant du corps d'armée prescrit à la commission de casernement de reconnaître les immeubles dont il s'agit.

Le résultat de cette reconnaissance est consigné dans un procès-verbal faisant ressortir le degré de convenance des immeubles proposés pour le service auquel ils sont destinés et les conditions auxquelles est subordonnée leur occupation; la commission y joint un projet d'état d'assiette.

Ces documents, complétés par un projet de convention dressé par le chef de service intéressé, sont adressés par ce chef de service au commandant du corps d'armée et par cet officier général au Ministre, qui décide s'il y a lieu ou non d'accepter les propositions faites.

En cas d'urgence, le commandant du corps d'armée statue, à charge pour lui de rendre compte immédiatement.

Prise de possession et remise des immeubles prêtés.

Art. 92. La prise de possession et la remise des immeubles prêtés ont lieu avec les mêmes formalités que pour ceux pris à bail, suivant les prescriptions des art. 83 et 84 ci-dessus, mais en attribuant au prêteur les dispositions qui, dans ces articles, concernent les bailleurs.

Travaux au compte des villes, administrations ou particuliers.

Art. 93. Les travaux de réparation ou d'amélioration à exécuter dans les immeubles prêtés, lorsqu'ils ne sont pas par convention à la charge du Département de la guerre, sont exécutés à la requête du service intéressé, sous la surveillance des officiers du génie.

CHAPITRE XI.

TRAVAUX CONCERNANT LES ÉTABLISSEMENTS DU CASERNEMENT.

Propositions concernant les travaux.

Art. 94. Les propositions concernant les travaux des diverses catégories à exécuter dans les établissements du casernement sont produites et examinées conformément aux dispositions de l'instruction pour l'application dans le service du génie du décret du 27 avril 1889, portant règlement sur les travaux de constructions militaires (1).

Celles de ces propositions qui sont relatives à l'extension ou à l'amélioration des établissements existants font l'objet d'avant-projets rédigés de concert par le chef du génie et le chef de corps ou de service intéressé.

Lorsqu'un avant-projet intéresse plusieurs corps ou services, il est établi par la commission de casernement.

Allocation des fonds.

Art. 95. Le Ministre seul ouvre les crédits nécessaires pour la construction, l'amélioration, les grosses réparations et l'entretien des établissements du casernement.

Les allocations sont distinctes pour chaque travail, s'il s'agit de constructions, d'extensions, d'améliorations ou de grosses réparations. Au contraire, les fonds d'entretien sont alloués en bloc pour chaque corps d'armée, d'après les renseignements et demandes portés aux états sommaires de prévision, puis répartis par le général commandant, d'abord entre les diverses places, puis, dans chaque place, entre le service local du génie et les corps de troupe qui coopèrent à l'exécution des travaux, les allocations aux corps étant d'ailleurs maintenues dans les limites prévues au tarif de l'annexe n° 4. Ces diverses répartitions sont faites sur la proposition du général commandant le génie ou, à défaut et suivant le cas, des directeurs ou du directeur du génie ; copie en est adressée au Ministre par ces officiers, afin de permettre à l'administration centrale de vérifier que les demandes de fonds cadrent avec la répartition adoptée ; une réserve est constituée pour les besoins imprévus.

Aucun travail ne peut être entrepris avant que les fonds nécessaires aient été alloués. Toutefois, dans les circonstances urgentes ou de force majeure, le commandant du corps d'armée peut prescrire l'exécution de travaux, sous les conditions fixées par l'article 11 de la loi du 16 mars 1882.

---

(1) Instruction du 15 mars 1897 (vol. 50).

Allocations supplémentaires aux services locaux du génie
pour réparations et entretien.

Art. 96. Si quelque événement de force majeure (ouragan, grêle, incendie, inondation, etc.) occasionne des dégradations imprévues dans les établissements du casernement, et que la situation des fonds mis à la disposition du service local du génie ne permette pas d'exécuter les réparations obligées, une demande d'allocation supplémentaire, appuyée d'un devis estimatif de la dépense à prévoir, est adressée hiérarchiquement par le chef du génie au commandant du corps d'armée. Cet officier général donne l'ordre de prélever la somme nécessaire sur les fonds d'entretien en réserve, ou transmet la demande au Ministre qui statue.

Travaux de réparation et entretien (1).

Art. 97. Dans les établissements du casernement, les travaux de réparation et d'entretien sont effectués d'après les ordres du chef du génie, sur les allocations faites à ce service, et sans qu'il soit besoin d'autorisation spéciale.

Il est fait à ces règles générales, soit en ce qui est relatif à l'exécution des travaux, soit en ce qui concerne l'imputation des dépenses, les exceptions ci-après :

1° Dans les casernes et quartiers, les corps occupants, à l'exception des cavaliers de remonte et des troupes indigènes de l'Algérie et de la Tunisie assurent l'exécution et le paiement d'un certain nombre de travaux de réparation et de menu entretien, dans les conditions prévues au chapitre XII ci-après ;

2° Dans les bureaux et logements d'officiers, fonctionnaires ou employés militaires, les réparations locatives sont à la charge des occupants ; toutefois, seront à la charge du service du génie, lors du départ des occupants et de la reprise des locaux, celles de ces réparations dont la nécessité ne résulterait pas de négligence, défaut de soin ou abus de jouissance ;

3° Dans les immeubles appartenant à l'Etat ou prêtés par les municipalités, qui sont utilisés par le service de la remonte, les réparations locatives sont imputées à la masse d'habillement et d'entretien de la compagnie intéressée de cavaliers de remonte ou à la masse de harnachement et ferrage de l'établissement, selon que les dégradations qui les ont nécessitées ont été causées par les hommes ou par les animaux ;

4° Dans les hôtels et bureaux des tribunaux militaires, les réparations locatives sont à la charge du budget de la justice militaire ;

---

(1) Voir page 104, la circulaire du 15 février 1905.

5° Dans les établissements du service de santé et dans ceux des services administratifs en gestion directe, les réparations locatives sont exécutées sur les fonds de ces services, à la diligence du médecin chef ou du sous-intendant militaire, par les soins des officiers d'administration gestionnaires; s'il s'agit de locaux affectés à des services administratifs exécutés à l'entreprise, ces réparations sont au compte des entrepreneurs;

6° Dans les écoles militaires, les travaux de réparation et d'entretien sont imputés aux fonds du matériel de ces établissements.

Blanchissage des bâtiments.

Art. 98. Les bâtiments habités sont blanchis intérieurement tous les ans et plus souvent s'il est besoin.

Dans les casernes et quartiers, ces blanchissages sont effectués par les occupants.

Dans les établissements du service de santé et dans ceux des services administratifs en gestion directe, les blanchissages et peinturages des locaux, corridors, etc., sont exécutés sur les fonds de ces services, à la diligence du médecin chef ou du sous-intendant militaire, par les soins des officiers d'administration gestionnaires.

Ramonages (1).

Art. 99. Les ramonages des cheminées sont exécutés à la diligence et à la charge du service du génie.

Vidanges.

Art. 100. Les vidanges sont à la charge du service du génie dans les immeubles du service du casernement appartenant à l'Etat. Il en est de même pour les immeubles pris à loyer ou prêtés, lorsque les baux ou conventions mettent cette charge au compte de l'Etat.

Aucun empêchement ne doit être apporté à l'exécution des travaux.

Art. 101. Les corps, services, officiers, fonctionnaires ou employés militaires, installés dans des bâtiments du casernement, ne peuvent, sous aucun prétexte, arrêter, retarder ou gêner l'exécution des travaux confiés au service du génie.

Celui-ci avise, en temps utile, les occupants de la date à laquelle commenceront les travaux dont l'exécution paraîtrait devoir apporter une entrave notable au service; si la fixation de cette date soulève des protestations, il en est référé au commandant d'armes, qui statue.

---

(1) Les corps doivent signaler au service du génie les circonstances particulières qui motiveraient pour certaines cheminées des ramonages plus fréquents qu'à l'ordinaire : poêles allumés d'une manière continue, combustibles très encrassants, etc. (Article 59 de l'instruction du 8 février 1907, vol. 5.)

CHAPITRE XII.

ENTRETIEN DU CASERNEMENT PAR LES CORPS OCCUPANTS. MASSE DE CASERNEMENT.

Création et objet de la masse de casernement.

Art. 102. A l'exception des compagnies de cavaliers de remonte et des troupes indigènes de l'Algérie et de la Tunisie, les corps de troupe de toutes armes, installés dans des bâtiments dépendant du service du casernement, pourvoient à l'aide d'une masse dite « de casernement » aux dépenses résultant :

1º Des réparations locatives, c'est-à-dire des réparations de toute nature nécessitées par les dégradations aux locaux et accessoires du casernement qui sont imputables aux hommes et aux animaux;

2º Des mêmes réparations dans les bâtiments et établissements dont ils partagent l'usage avec d'autres corps et dont l'entretien leur a été attribué par la répartition prévue à l'article 115 ci-après;

3º Des réparations et, s'il y a lieu, des remplacements nécessités par les dégradations au mobilier entretenu et remplacé par le service du génie;

4º De l'entretien et du renouvellement de l'ameublement fixe et de l'ameublement mobile des quartiers qu'ils occupent (1);

5º De l'exécution de certains travaux de menu entretien.

Travaux confiés aux corps.

Art. 103. Parmi les travaux énumérés à l'article 102 qui précède, un certain nombre sont exécutés par les soins des corps occupants; ce sont :

1º Les travaux de réparation et de menu entretien dont la nomenclature détaillée est donnée à l'annexe nº 3;

2º Les travaux nécessités par l'entretien et le renouvellement de l'ameublement fixe et de l'ameublement mobile, dans les conditions fixées par la même annexe (1).

Tous les autres travaux de réparation et d'entretien sont exécutés par les soins du service du génie; ceux ayant le caractère de réparations locatives sont payés par le corps sur les fonds de la masse de casernement, selon les formes fixées à l'article 69.

---

(1) Le matériel mobile de casernement et, d'une façon générale, tous les objets d'ameublement des casernes et quartiers font partie maintenant du matériel du service du couchage et de l'ameublement. Voir le tableau A annexé à l'instruction du 25 mars 1907 (vol. 9) indiquant la nature des objets mobiliers au compte de la masse de couchage et d'ameublement.

Recettes de la masse de casernement.

Art. 104. La masse de casernement perçoit, à terme échu, des primes trimestrielles, variables avec l'état de conservation des immeubles occupés, et s'appliquant respectivement aux nombres de places d'hommes à pied, d'hommes montés ou d'animaux inscrits à l'état d'assiette.

Pour ce qui concerne les places d'hommes, les nombres de places servant au calcul des perceptions sont ceux de la contenance maxima, augmentés des nombres de places éventuelles.

Indépendamment des allocations dont il est question ci-dessus, la masse de casernement peut éventuellement faire recette :

1° Des remboursements pour travaux exécutés pour le compte d'autres masses ou pour réparations effectuées dans les logements ou bureaux d'officiers du corps, lorsque ces logements ou bureaux sont installés dans le casernement;

2° Des remboursements pour travaux exécutés au compte d'autres corps ou pour cession d'objets à d'autres corps;

3° Des sommes prélevées sur d'autres masses, dont le Ministre autorise le virement à la masse de casernement;

4° Des allocations supplémentaires et secours accordés dans les circonstances prévues aux articles 107 et 108 ci-après.

Fixation des primes de la masse de casernement.

Art. 105. Le tarif des primes de la masse de casernement est donné à l'annexe n° 4.

Pour la fixation de ces primes, les casernes sont, selon leur état, divisées en six catégories. Le classement des établissements dans ces diverses catégories est arrêté par le commandant du corps d'armée, sur la proposition du général commandant le génie ou, à défaut, du directeur du génie intéressé; il est fait pour une durée indéterminée, mais peut être revisé au commencement de chaque année, sur la demande motivée du corps ou du chef du génie, après avis du général commandant le génie ou du directeur.

Droit aux prestations de la masse de casernement.

Art. 106. Le droit aux prestations de la masse de casernement cesse, pour un corps de troupe, le jour où il évacue d'une façon définitive les casernes ou quartiers qu'il occupe. Ce droit lui est acquis, par contre, lorsqu'il quitte momentanément tout ou partie de son casernement, soit pour prendre part à des exercices ou manœuvres, soit en cas d'épidémie ou pour toute autre cause accidentelle.

Allocations supplémentaires à la masse de casernement.

Art. 107. Si quelque événement de force majeure (ouragan, grêle, incendie, inondation, etc.) occasionne des dégradations imprévues dans un casernement, le chef de corps intéressé en informe dans les vingt-quatre heures le commandant d'armes, qui convoque le chef du génie et le sous-intendant militaire, à l'effet de constater dans un procès-verbal les dégâts signalés.

Le chef du génie joint à ce procès-verbal un devis estimatif de la dépense à prévoir pour les réparations à exécuter, et transmet le tout, par la voie hiérarchique, au commandant du corps d'armée. Cet officier général donne l'ordre de prélever tout ou partie de la somme correspondante sur les fonds d'entretien en réserve, ou transmet la demande au Ministre (4e Direction; Matériel), qui statue.

Secours à la masse de casernement.

Art. 108. Des secours peuvent être très exceptionnellement accordés aux masses de casernement dont la situation serait peu florissante, malgré les soins apportés dans leur gestion par les conseils d'administration ou commandants d'unités.

La demande motivée en est adressée par la voie hiérarchique du service de l'intendance au commandant du corps d'armée. Cet officier général fait instruire la demande par le service du génie, et, s'il juge qu'il y a lieu de la prendre en considération, il alloue tout ou partie du secours demandé sur les fonds d'entretien en réserve, ou, en cas d'impossibilité, la transmet au Ministre (4e Direction; Matériel), avec ses propositions.

Perception et payement des primes, allocations supplémentaires et secours.

Art. 109. Les primes de la masse de casernement sont perçues à trimestre échu, sur mandats émis par le directeur du génie, au nom du conseil d'administration ou du commandant d'unité.

Les allocations supplémentaires et secours sont mandatés par le même officier supérieur.

Dépenses de la masse de casernement.

Art. 110. Indépendamment des dépenses énumérées à l'article 102 (1o à 5o), la masse de casernement supporte encore les dépenses pour achat d'outils et organisation des ateliers nécessaires pour l'exécution des travaux. ainsi que les frais d'achat de registres, imprimés et fournitures de bureau employés pour la marche et la comptabilité du service.

Elle subvient éventuellement aux dépenses qu'entraînent les travaux ou confections d'objets, à charge de remboursement, prévus à l'article 104 (1o et 2o).

Travaux et dépenses interdits.

Art. 111. — Il est interdit d'employer les fonds de la masse de casernement :

1o A l'exécution d'autres travaux que ceux de réparation et

de menu entretien énumérés dans la nomenclature de l'annexe n° 3 ;

2° A l'exécution de travaux quelconques ou au paiement de dégradations survenues dans des bâtiments qui, ne faisant pas partie du casernement, ont été occupés temporairement par la troupe (cantonnement, par exemple) ;

3° A la confection ou à l'achat d'objets d'ameublement de type non réglementaire, non prévus à l'annexe n° 2, ou en surnombre sur la fixation résultant des données de cette annexe (1).

Gestion de la masse.

Art. 112. La masse de casernement est gérée par les conseils d'administration, commandants de corps sans conseil ou chef de détachement, dans les conditions générales fixées par le règlement sur l'administration et la comptabilité des corps de troupe.

Casernement affecté à un seul corps.

Art. 113. Lorsqu'un casernement n'est affecté qu'à un seul corps de troupe, celui-ci est chargé, en général, d'entretenir tous les locaux, à l'exception de ceux qui sont occupés par des officiers ou par des employés étrangers au corps (logement de casernier, bureaux divers, corps de garde autres que ceux des gardes de police, etc.) et de ceux qu'ils auraient évacués par application des dispositions de l'art. 55 ; les locaux de ces deux catégories sont entretenus par le service du génie.

Toutefois si, par suite du manque d'ouvriers d'art ou pour toute autre cause dûment justifiée, un corps se trouve dans l'impossibilité d'entretenir son casernement, le commandant du corps d'armée, sur la demande qui lui en est faite, peut décider que les travaux incombant normalement audit corps seront exécutés par le service du génie, aux frais de la masse du casernement.

Casernement occupé par plusieurs corps.

Art. 114. Quand un casernement est occupé par plusieurs corps, chacun d'eux, en principe, est chargé de l'entretien de la partie qui lui est affectée.

Toutefois, sur la demande des corps intéressés, ou d'office si les circonstances l'exigent, le commandant du corps d'armée peut prescrire que l'entretien sera assuré, soit par l'un des corps occupants, à charge de remboursement par les autres, soit même par le service du génie, aux frais des masses de casernement.

Accessoires communs à plusieurs corps.

Art. 115. Si, dans une caserne ou une ville de garnison, des bâtiments ou établissements, tels que cours, latrines, manèges,

---

(1) Les objets d'ameublement sont maintenant au compte de la masse de couchage et d'ameublement (vol. 9).

corps de garde de police, champs de tir, stands, etc., sont communs à plusieurs corps, le commandant d'armes répartit entre eux, d'une façon aussi équitable que possible, l'entretien de ces divers accessoires, après avoir pris l'avis du chef du génie.

Les dépenses nécessitées par cet entretien sont soldées par les corps qui en sont respectivement chargés, sur les fonds de leur masse de casernement.

Exécution des travaux (1).

Art. 116. I. *Dispositions générales.* — Dans chaque corps ou détachement, le service des travaux d'entretien est placé sous la direction de l'officier ou adjudant de casernement ou d'un officier spécialement désigné à cet effet. L'exécution matérielle de ces travaux est confiée aux sapeurs ouvriers d'art, dans les corps qui en sont pourvus, ou, à défaut, à des hommes choisis à raison de leurs aptitudes et dont le nombre est fixé par le général de brigade. Toutefois, si le corps ou détachement ne possède pas d'hommes idoines à certaines catégories de travaux et si les ressources de la masse de casernement le permettent, il pourra faire emploi d'ouvriers civils à la journée ou à la tâche ou bien traiter, sur série de prix, avec des entrepreneurs.

Il est d'ailleurs interdit aux corps de passer des marchés avec le caporal sapeur ou les ouvriers d'art pour la fourniture de matériaux ou l'exécution d'un ouvrage quelconque ; mais ils peuvent traiter de clerc à maître, avec leur chef armurier, pour les travaux de serrurerie et de ferronnerie.

L'exécution de tous travaux autres que ceux nécessaires pour le service du casernement ou pour les différentes masses est formellement prohibée dans les ateliers du casernement.

Les corps se conforment, pour l'exécution des travaux, aux prescriptions de l'instruction technique y relative arrêtée par le Ministre.

Les bois employés aux réparations ou remplacements doivent être de même essence que ceux existant antérieurement.

II. *Achat des matériaux.* — Les matériaux achetés par les corps doivent remplir les conditions énumérées dans l'instruction technique susvisée.

Si les achats doivent avoir une certaine importance, ils sont précédés d'un appel à la concurrence. Les corps trouvent d'ailleurs des indications utiles au sujet des provenances qu'ils doivent exiger et des prix qu'ils peuvent consentir dans la série de prix et le cahier des charges spéciales du marché d'entretien de la place, document dont un exemplaire leur est remis par le chef du génie.

---

(1) Voir page 99, la circulaire du 6 juillet 1901.

Gratifications aux ouvriers d'art.

Art. 117. Des gratifications, imputables sur les fonds de la masse de casernement, peuvent être allouées aux ouvriers d'art, dans les conditions fixées par les décisions ministérielles.

Conservation et remplacement des objets d'ameublement (1).

Art. 118. Les corps doivent maintenir constamment en bon état et au complet les objets d'ameublement fixe et d'ameublement mobile affectés au casernement qu'ils occupent.

Le sous-intendant militaire procède chaque année, dans le courant de décembre, en présence du major ou de son délégué, à l'inventaire de l'ameublement mobile pris en charge par le corps.

La réforme du matériel hors de service est prononcée par l'inspecteur général ou son délégué, assisté du chef du génie. Les objets réformés sont conservés par les corps pour être employés au mieux des besoins, ou remis à l'administration des domaines, s'ils ne peuvent être utilisés. Les objets confectionnés en remplacement doivent être conformes aux modèles décrits à l'instruction technique visée à l'article 116; ils sont soumis à l'acceptation du chef du génie ou de son délégué et marqués, après réception, des lettres G. M. à la diligence de cet officier.

Si cette réception donne lieu à contestation, le sous-intendant militaire, sur l'avis du chef de corps et de concert avec le major et le chef du génie, procède à une vérification du matériel objet du litige et dresse un procès-verbal de constat, qu'il transmet au commandant du corps d'armée; cet officier général statue.

Inspection annuelle du service d'entretien.

Art. 119. Chaque année, l'inspecteur général du corps, ou son délégué, examine de quelle manière sont exécutés les travaux d'entretien dont le corps est chargé. Il est assisté, pour les détails de cette opération, par le chef du génie, qui lui fournit les éléments des observations techniques à adresser au conseil d'administration.

L'inspecteur technique du génie procède également à cet examen et adresse ses observations au commandant du corps d'armée.

Écritures à tenir pour l'exécution du service d'entretien et la comptabilité de la masse et du matériel de casernement.

Art. 120. Les écritures à tenir pour l'exécution du service d'entretien et la comptabilité de la masse et du matériel de casernement sont déterminées par l'annexe n° 5.

---

(1) Le matériel mobile de casernement et, d'une façon générale, tous les objets d'ameublement des casernes et quartiers font partie maintenant du matériel du service du couchage et de l'ameublement. (Voir le tableau A annexé à l'instruction du 25 mars 1907 (vol. 9) indiquant la nature des objets mobiliers au compte de la masse de couchage et d'ameublement.)

Changement de casernement ou de garnison (1).

Art. 121. Lorsqu'un corps change de casernement dans la même garnison, il emporte avec lui tout le matériel qui lui appartient.

En cas de changement de garnison, le matériel au compte de la masse de casernement (outils, matériaux, etc.) est laissé sur place et repris par le corps arrivant, à charge de remboursement. Toutefois, le corps partant peut être autorisé exceptionnellement, par le commandant du corps d'armée, à emporter certains des objets constituant ce matériel. Les prix de remboursement sont basés sur les factures d'achat s'il s'agit d'objets neufs; dans le cas contraire, ils sont fixés à l'estimation par les délégués des deux corps.

Lorsque la caserne évacuée ne doit pas être immédiatement réoccupée, tous les objets non emportés sont remis provisoirement, après inventaire, à la garde du service du génie (art. 46). Ce service ne peut d'ailleurs être tenu de reprendre au corps partant, contre remboursement, les objets abandonnés par lui. Il n'est fait exception à cette règle que pour les matériaux de construction, lesquels ne sont jamais emportés: la valeur en est alors fixée d'après les prix du marché d'entretien de la place pour les matériaux similaires.

Qu'il s'agisse d'un changement de casernement ou d'un changement de garnison, la vérification de l'état de lieux et des inventaires, ainsi que la constatation des dégradations et pertes, sont effectuées comme il est dit à l'article 51 ci-dessus.

Si le casernement est immédiatement repris par un nouveau corps, les dégradations et pertes sont estimées contradictoirement par les deux corps intéressés; le montant en est versé à la masse de casernement du nouveau corps occupant, lequel demeure chargé de l'exécution des réparations et remplacements. Dans le cas où le casernement n'est pas réoccupé, ces réparations et remplacements sont effectués par les soins du service du génie; le paiement en est effectué dans les conditions prévues à l'article 69.

Cas de mobilisation.

Art. 122. A dater du premier jour de la mobilisation, la masse de casernement cesse de fonctionner et l'entretien des casernements revient en entier au service du génie. Le matériel au compte de la masse de casernement est remis à ce service et l'avoir en argent de ladite masse versé au Trésor.

---

(1) Voir, en ce qui concerne le matériel de couchage et d'ameublement, l'article 21 de l'instruction du 25 mars 1907 (vol. 9). Pour le matériel et les médicaments de l'infirmerie vétérinaire, voir la notice n° 6 du vol. 84.

CHAPITRE XIII.

DISPOSITIONS FINALES.

Abrogation des dispositions contraires au présent règlement.

Art. 123. Sont abrogées toutes dispositions contraires au présent règlement.

Exécution du présent règlement.

Art. 124. Le Ministre de la guerre est chargé d'assurer l'exécution du présent règlement, d'arrêter la rédaction des annexes et modèles qui y sont prévus, de fixer la date de sa mise en application et de prescrire les mesures transitoires qui pourront être nécessaires.

Fait à Paris, le 3 mars 1899.

EMILE LOUBET.

Par le Président de la République :

Le Ministre de la guerre,
C. DE FREYCINET.

TABLE DES MATIÈRES

DU RÈGLEMENT SUR LE SERVICE DU CASERNEMENT

CHAPITRE Iᵉʳ.

DISPOSITIONS GÉNÉRALES. — ATTRIBUTIONS.

CHAPITRE II.

ASSIETTE DU CASERNEMENT.

CHAPITRE III.

ORGANISATION ET AMEUBLEMENT DES LOGEMENTS ET ACCESSOIRES DU CASERNEMENT.

CHAPITRE IV.

ALIMENTATION EN EAU ; ÉCLAIRAGE ET CHAUFFAGE.

CHAPITRE V.

OCCUPATION ET ÉVACUATION DU CASERNEMENT.

CHAPITRE VI.

POLICE DES BATIMENTS MILITAIRES OCCUPÉS PAR LES TROUPES.

CHAPITRE VII.

DÉGRADATIONS ET PERTES.

CHAPITRE VIII.

ÉTABLISSEMENTS DES SERVICES ADMINISTRATIFS, DU SERVICE DE SANTÉ, DE LA REMONTE, DE LA JUSTICE MILITAIRE, ET BUREAUX DIVERS.

CHAPITRE IX.

LOCATIONS.

CHAPITRE X.

BATIMENTS ET TERRAINS MIS TEMPORAIREMENT A LA DISPOSITION DU SERVICE DU CASERNEMENT PAR LES ADMINISTRATIONS PUBLIQUES ET LES PARTICULIERS.

CHAPITRE XI

TRAVAUX CONCERNANT LES ÉTABLISSEMENTS DU CASERNEMENT.

CHAPITRE XII.

ENTRETIEN DU CASERNEMENT PAR LES CORPS OCCUPANTS. — MASSE DE CASERNEMENT.

CHAPITRE XIII.

DISPOSITIONS FINALES.

ANNEXES.

ANNEXE N° 1.

(Art. 27 et suivants.)

Organisation des logements et accessoires de casernement.

TABLEAU I. — *Logements d'officiers.*

GRADES.	NOMBRE ET COMPOSITION DES LOCAUX (1).		OBSERVATIONS.
	OFFICIERS MARIÉS OU VEUFS avec enfants, ou officiers célibataires vivant avec leur mère veuve.	OFFICIERS CÉLIBATAIRES.	
Colonel (2).........	7 chambres de maître. 2 chambres de domestique. 1 cuisine. 1 écurie (3).	5 chambres de maître. 2 chambres de domestique. 1 cuisine. 1 écurie (3).	(1) Ces fixations ne sont pas applicables aux camps baraqués.
Lieutenant-colonel (2).	6 chambres de maître. 2 chambres de domestique. 1 cuisine. 1 écurie (3).	4 chambres de maître. 2 chambres de domestique. 1 cuisine. 1 écurie (3).	(2) Ou assimilé pour la retenue du logement. (3) Le logement des chevaux pourra être assuré en dehors du logement de l'officier.
Chef de bataillon ou d'escadrons (2).	5 chambres de maître. 1 chambre de domestique. 1 cuisine. 1 écurie (3).	3 chambres de maître. 1 chambre de domestique. 1 cuisine. 1 écurie (3).	Tous les logements comporteront autant que possible une cave.
Capitaine (2).......	4 chambres de maître. 1 chambre de domestique. 1 cuisine. 1 écurie (3).	2 chambres de maître. 1 chambre de domestique. 1 écurie (3).	
Lieutenant, sous-lieutenant (2).	3 chambres de maître. 1 chambre de domestique. 1 cuisine. 1 écurie (3).	2 chambres de maître. 1 écurie (3).	

TABLEAU II. — *Logements de sous-officiers.*

OCCUPANTS.	NOMBRE ET COMPOSITION DES LOCAUX.	OBSERVATIONS.
Sous-officier marié....................	2 pièces et 1 cuisine.	Plus une cave s'il est possible. Le vaguemestre, le tambour-major, le trompette-major, le moniteur général d'escrime, le garde-magasin d'habillement, ont droit à une chambre séparée, même s'ils ne sont pas rengagés; il en est de même du brigadier fourrier du P. H. R. dans la cavalerie.
Sous-officier rengagé ou commissionné...................	1 chambre.	
Adjudant, adjudant-élève d'administration, sous-chef de musique.....	1 chambre.	
Sergent-major, maréchal des logis chef.........	1 chambre.	Attenant au bureau.
Sergents, sergents fourriers, maréchaux des logis, maréchaux des logis fourriers............	1 chambre pour 2 ou 3 comme contenance normale.	

TABLEAU III. — *Logements du chef armurier, etc.*

OCCUPANTS.	NOMBRE ET COMPOSITION DES LOCAUX.	OBSERVATIONS.
Chef armurier, maître sellier, premier ouvrier tailleur, cordonnier ou bottier...........	2 pièces et 1 cuisine (*a*).	Ce logement, entièrement distinct des ateliers, doit autant que possible en être rapproché.
Gérant du mess des sous-officiers, cantinière..................	1 pièce et 1 cabinet.	(*a*) Plus une cave, s'il est possible.
Casernier.................	2 pièces et 1 cuisine.	

TABLEAU IV. — *Accessoires communs aux casernements des différentes armes.*

ACCESSOIRES.		NOMBRE ET COMPOSITION DES LOCAUX.	OBSERVATIONS.
OBLIGATOIRES.	FACULTATIFS.		
Salle d'honneur....	»	1 salle précédée d'un vestiaire.	Une seule par corps dans une même place. Dans les casernes où il n'y a pas de salle d'honneur, une pièce sera réservée autant que possible aux officiers.
»	Bibliothèque des officiers.	1 salle.	
Salle de rapport....	»	1 salle.	
Atelier de lithographie.	»	1 pièce.	A côté de la salle de rapport.
Corps de garde de police.	»	1 salle.	A proximité de l'entrée.
Chambre pour l'adjudant-major de service.	»	1 chambre et 1 cabinet.	
»	Chambre pour le médecin de service.	1 chambre et 1 cabinet.	
»	Bureau du major....	2 pièces dont 1 pour les secrétaires.	
Bureaux de la mobilisation.	»	2 pièces.	
»	Bureau du trésorier.	1 pièce pour le trésorier. 1 pièce pour l'adjoint au trésorier. 1 pièce pour les secrétaires.	
Bureaux des officiers d'habillement, d'armement et de casernement.	»	2 ou 3 pièces.	

Bureau de compagnie, escadron ou batterie,	»	1 pièce. —	
Atelier des armuriers.	»	1 pièce pour l'atelier et la forge. 1 pièce pour le bronzage.	Un atelier à la portion centrale et un à la portion principale d'un régiment fractionné ; pour les autres détachements, le Ministre statue.
Atelier des tailleurs.	»	1 pièce pour les ouvriers. 1 salle de coupe. 1 cabinet pour le fourneau aux fers.	Les ateliers doivent être placés dans des pièces bien éclairées ; ceux des cordonniers, bottiers, selliers et ouvriers en bois, ainsi que les forges, doivent être situés au rez-de-chaussée ou immédiatement au-dessus de locaux voûtés.
Atelier des cordonniers ou bottiers.	»	1 pièce pour les ouvriers. 1 salle de coupe. 1 magasin aux cuirs.	
Atelier du casernement.	»	1 forge. 1 atelier des menuisiers. 1 magasin des matériaux.	Pour les corps qui entretiennent leur casernement.
»	Atelier de compagnie, escadron ou batterie.	1 pièce par unité administrative.	Si la place le permet.
Magasins d'armement.	»	1 pour le service courant. 1 pour le service de réserve.	Ce magasin doit être, autant que possible, en communication avec l'atelier de l'armurier. A moins que les armes ne soient conservées par le service de l'artillerie.
Magasins d'habillement.	»	1 par unité administrative. Nombre de locaux suivant les besoins pour les approvisionnements de l'Etat et du corps.	
Magasins de harnachement.	»	1 pour le service courant. 1 pour le service de réserve.	Lorsque le harnachement n'est pas conservé par le service de l'artillerie.
Magasin aux vivres de réserve.	»	....	Si ces vivres sont conservés par le corps.
Magasin aux munitions.	»	1 vestibule. 1 chambre aux munitions.	
Hangar aux voitures.	»	....	Organisé pour abriter les voitures du service de réserve et, quand la chose sera possible, celles du service courant.

ACCESSOIRES		NOMBRE ET COMPOSITION DES LOCAUX.	OBSERVATIONS.
OBLIGATOIRES.	FACULTATIFS.		
Cantines............	»	1 salle de débit. 1 cuisine. 1 office. 1 cave.	1 cantine par bataillon d'infanterie 3 par régiment de cavalerie; 1 par groupe d'artillerie.
Pension des sous-officiers.	»	1 salle pour les adjudants. 1 salle pour les sergents-majors ou maréchaux des logis chefs. } de tout le régiment. 1 salle pour les sous-officiers d'un bataillon, de 2 escadrons ou d'un groupe de 2 ou 3 batteries.	S'il n'y a pas de mess de sous-officiers.
»	Mess des sous-officiers.	1 cuisine avec office et laverie. 1 salle pour les adjudants. 1 salle pour les sergents-majors ou maréchaux des logis chefs. 1 ou plusieurs salles pour les autres sous-officiers. 1 bibliothèque. 1 salle de lecture. 1 salle de jeu et de consommation. 1 office. 1 cave.	
»	Réfectoires..........	1 pièce par compagnie, escadron, batterie ou section.	
Cuisines	»	1 cuisine avec laverie pour 1 bataillon, 2 escadrons ou 6 batteries ou pour tout détachement isolé.	Les cuisines sont, autant que possible, aménagées de manière que chaque unité administrative puisse préparer distinctement les repas.
Magasin au combustible.	»	1 par cuisine.	
Cabinets aux provisions.	»	1 cabinet par unité ou groupe d'unités formant un ordinaire.	

Locaux de la commission des ordinaires.	»	1 bureau pour la commission. 1 magasin de vivres et de distribution. 1 boucherie. 1 ou plusieurs caves ou des locaux offrant les mêmes garanties de conservation.	
Latrines	»	1 siège pour environ 70 hommes de l'effectif; cabinets séparés pour les officiers, les sous-officiers et les ménages.	Les latrines sont réparties par groupes à proximité des différents bâtiments.
»	Latrines de nuit.....	1 par escalier.	
Urinoirs	»	....	Près des latrines et, en outre, dans les troupes à cheval, à proximité des écuries.
Lavabos	»	1 par escalier.	1 robinet pour 20 hommes de l'effectif à desservir.
Chambres des filtres ou des stérilisateurs.	»	1 ou plusieurs pièces suivant la nature et la répartition des appareils.	Dans le cas où ces appareils sont nécessaires.
Puits ou fontaines..	»	En nombre variable suivant les besoins.	
Lavoirs	»	Environ 16 mètres de longueur de lavoir double pour un régiment d'infanterie, d'artillerie ou du génie. 12 mètres pour un régiment de cavalerie. 7 mètres pour un bataillon ou un détachement analogue.	
Séchoirs	»	....	A proximité des lavoirs.
Abreuvoirs	»	24 mètres d'abreuvoir double par escadron ou par batterie à cheval. 12 mètres par batterie montée; suivant lès besoins pour les autres unités.	
Locaux disciplinaires.	»	1 chambre pour sous-officier puni de prison. Salle de police des caporaux ou brigadiers	On donnera, autant que possible, à chaque homme, un volume d'air d'au moins 12 mètres cubes.

| ACCESSOIRES | | NOMBRE ET COMPOSITION DES LOCAUX. | OBSERVATIONS. |
OBLIGATOIRES.	FACULTATIFS.		
Locaux disciplinaires. (*Suite.*)	»	Salle de police des soldats. Prison des caporaux ou brigadiers. Prison des soldats. Cellules. { 3 par bataillon d'infanterie. 1 par escadron ou 2 batteries.	On donnera, autant que possible, à chaque homme, un volume d'air d'au moins 12 mètres cubes.
Dépôts d'ustensiles d'éclairage.	»	2 cabinets par régiment.	
Dépôts d'appareils de chauffage.	»	Suivant les besoins.	
Infirmerie régimentaire.	»	Organisée d'après les prescriptions des articles 37, 71 et 72 du décret du 25 novembre 1889 sur le service de santé.	Pour toute troupe de la force de : 1 bataillon, 2 escadrons ou 2 batteries.
Bains par aspersion.	»	1 pièce pour les douches. 1 vestiaire.	Ces locaux sont généralement annexés à l'infirmerie.
Ecole régimentaire.	»	2 pièces.	Tout détachement de la force de : 1 bataillon, 2 escadrons ou 2 batteries doit, autant que possible, avoir une école régimentaire. Les compagnies ou sections formant corps n'ont pas de local spécialement affecté à l'école.
»	Bibliothèque et salle de lecture des sous-officiers.	1 pièce.	Annexée au mess lorsqu'il existe.
»	Bibliothèque et salle de lecture de la troupe.	1 pièce.	Si la salle d'école ne peut être employée à cet usage.
»	Salle d'escrime des officiers.	1 salle. 1 vestiaire.	
Salle d'escrime....	»	1 salle.	
»	Salle de musique....		On n'affecte aux répétitions de musique une salle spéciale que dans le cas où la chambre des musiciens ne peut servir à cet usage.
Stand de tir réduit.			

Obligatoires.	Facultatifs.	Nombre et composition des locaux.	Observations.
Atelier de confection des cartouches.	»	»	
Dépôt de fumiers...	»	1 petite cour entourée de murs.	Eloignée autant que possible des logements.
Remise de la pompe à incendie.	»	1 hangar fermé.	
Champ de manœuvres.	»	»	
Champ de tir ou stand.	»	»	
Ecole de natation..	»	»	
»	Jardin potager......	....	S'il existe des terrains militaires disponibles.

TABLEAU V. — *Accessoires spéciaux aux casernements des troupes à pied.*

ACCESSOIRES		Nombre et composition des locaux.	Observations.
Obligatoires.	Facultatifs.		
Sellerie...........	»	»	
Magasin à fourrage.	»	»	
Ecurie-infirmerie..	»	Pour 2 chevaux.	S'il n'existe pas de corps de troupe à cheval dans la garnison.
»	Hangar aux manœuvres.	»	
Gymnase..........	»	1 gymnase proprement dit.	Il peut n'y avoir qu'un gymnase par garnison.
		1 piste d'obstacles.	A organiser de préférence sur le terrain de manœuvre.
Emplacement pour les travaux de campagne.		....	A organiser de préférence sur le terrain de manœuvre.

TABLEAU VI. — *Accessoires spéciaux aux casernements des troupes montées.*

ACCESSOIRES		NOMBRE ET COMPOSITION DES LOCAUX.	OBSERVATIONS.
OBLIGATOIRES.	FACULTATIFS.		
Atelier des selliers.	»	1 pièce pour les ouvriers. 1 salle de coupe. 1 magasin aux cuirs.	De préférence, au rez-de-chaussée ou dans une cave.
Ateliers des maréchaux ferrants.	»	Forges. Hangars au fourrage Dépôts de charbon.	1 forge et 1 hangar pour 2 escadrons. 1 feu et 1 dépôt de charbon par escadron ou 2 batteries.
Selleries..........	»	1 par escadron ou batterie.	
»	Vestibules d'astiquage.	1 par escadron ou batterie.	
Magasins aux fourrages.	»	1 par escadron ou batterie.	
		Des écuries pour chevaux blessés ou atteints de maladies non contagieuses.	Dont une divisée en boxe.
		1 forge avec dépôt de charbon.	Lorsque les forges des maréchaux ferrants sont annexées à l'infirmerie, il n'est pas nécessaire d'y organiser une forge spéciale.
Infirmerie vétérinaire (1).	»	1 hangar aux opérations. Pharmacie vétérinaire. (1 bureau. 1 laboratoire. 1 chambre pour le sous-officier chargé de l'infirmerie. 1 magasin à fourrages. 1 pédiluve couvert. 1 abreuvoir. 1 cour fermée. Cellules d'isolement. Magasin à fourrages. Salle de désinfection... 2 armoires (1)	Le nombre total de places à prévoir dans l'infirmerie vétérinaire d'un corps est le vingtième de l'effectif normal logé dans la garnison; un quart de ces places est réservé aux maladies contagieuses. Donnant sur une cour spéciale pourvue d'une prise d'eau.

Manéges couverts..	»	2 par régiment.	
Carrières	»		»
Piste cavalière.....	»		»
Ronds de voltige...	»		»
Bassins destinés à baigner les pieds des chevaux malades.	»		»

Afin de pouvoir faire baigner non seulement le pieds, mais encore les genoux et les jarrets des chevaux, ces bassins auront $1^m,50$ de largeur 2 m. de longueur et $0^m,50$ à $0^m;60$ de profondeur.(Note du 11 sept. 1887, *B. O.*, p. 254.)

(1) Voir page 90 la circulaire du 13 janvier 1900.

ANNEXE No 2.

(Voir le nota placé au bas de la page suivante.)

(Art. 33.)

Ameublement des pavillons, casernes et quartiers.

Objets d'ameublement fournis par le service du génie.

DÉSIGNATION DES LOCAUX.	OBJETS D'AMEUBLEMENT.	ENTRETENUS et REMPLACÉS AU COMPTE de	OBSERVATIONS.
			Observation générale. — Tous les objets indiqués comme entretenus et remplacés au compte de la masse de casernement sont entretenus et remplacés au compte du service du génie dans les compagnies de cavaliers de remonte et troupes indigènes de l'Algérie et de la Tunisie, à l'exception des bat-flanc des écuries et de leurs chaînes de suspension, qui sont entretenus au compte de la masse de harnachement. (Circ. 28 mai 1901, *B. O.*, p. 898.)
Logements d'officiers..	Glaces dans le salon et dans la chambre à coucher (A).	Service du génie.	
Chambre d'adjudants et de sous-officiers rengagés.	(A) »	»	Ameublement fourni, entretenu et remplacé par les soins du service de l'intendance.
Chambres de sergents-majors ou maréchaux des logis chefs.	Planches à bagages de 2 mètres (1 rang pour les troupes à pied, 2 rangs pour les troupes montées). Chevilles, crochets et boutons pour porter l'armement et l'équipement. Crochets porte-souliers. 1 table de toilette (A). 1 table à deux tiroirs (A). 2 chaises (A). 1 armoire étagère.	Masse de casernement.	
Chambres de sergents, sergents fourriers, maréchaux des logis et	Planches à bagages d'un développement de 2 mètres par sous-officier, sur un rang pour les troupes à pied et 2 rangs pour les troupes montées. Chevilles, crochets et boutons pour porter l'armement et l'équipement. Crochets porte-souliers.	Id.	

maréchaux des logis fourriers.	1 râtelier d'armes (1). 1 armoire-étagère et 1 chaise par sous-officier (A). 1 table de toilette et 1 table à deux tiroirs pour 2 sous-officiers (A).	Id.
Chambre de troupe....	Planches à bagages, à raison de 1 mètre par homme de la contenance maxima, sur un rang pour les troupes à pied et sur 2 rangs pour les troupes montées. Chevilles, crochets ou boutons pour porter l'armement et l'équipement. Crochets porte-souliers; râteliers porte-brides pour les troupes montées. Râteliers d'armes (1). 1 table et 2 bancs de 1m,50 pour 12 hommes (A). Planches à pain à raison de 0m,12 par homme (2). Planchettes pour inventaires ou extraits d'états de lieux (A). Planchettes pour nettoyage des buffleteries, à raison de 12 par compagnie ou batterie et de 2 par peloton de cavalerie (A).	Masse d'habillement et d'entretien.
Ecuries............	Râteliers et mangeoires métalliques individuels. Chaînes d'attache munies de leurs tiges ou anneaux fixés aux mangeoires. Chaînes d'attache pour le pansage des chevaux à l'extérieur des écuries (3). Anneaux de pansage. Bât-flanc avec chaînes de suspension (4).	Masse de casernement.
Salles d'honneur......	1 Appareils de chauffage (B).	Id.

(1) La garniture des porte-canons est posée par les corps aux frais du service du génie.

(2) Voir, en ce qui concerne les planches à pain, la circulaire du 15 février 1907 insérée dans le présent volume.

(3) Voir la circulaire du 10 décembre 1910, insérée dans le présent volume page 97.

(4) Il est constitué une réserve de 2 p. 100 en sus du nombre strictement nécessaire.

NOTA. — Cette annexe a été modifiée par les décret et instruction du 8 février 1907 (E. M., 5) en ce qui concerne le matériel de chauffage, et par le décret du 8 mars et l'instruction du 25 mars 1907 (E. M., 9) en ce qui concerne les objets d'ameublement. Les objets suivis de la lettre (A) sont maintenant au compte de la masse de couchage et d'ameublement et ceux suivis de la lettre (B) sont au compte de la masse de chauffage et d'éclairage. Se reporter, pour ces matériels, aux volumes 5 et 9 contenant la réglementation relative aux masses dont il s'agit.

DÉSIGNATION DES LOCAUX.	OBJETS D'AMEUBLEMENT.	ENTRETENUS et REMPLACÉS AU COMPTE de	OBSERVATIONS.
Salle de rapport........	1 grande table (A). 1 table de sous-officier à 2 tiroirs (A). 6 chaises (A). Bancs (A), portemanteaux et tables munies d'encriers, selon le nombre des unités (A)	Masse de casernement.	
Atelier de lithographie.	1 table de sous-officier à 2 tiroirs (A). 1 banc (A). 1 rangée de tablettes autour de la pièce.	Id.	
Corps de garde de police.	Lit de camp. Tables (A), bancs (A), planches à bagages, planches à pain, planchettes à consigne (A), râteliers d'armes, selon l'effectif du poste. Guérites pour les sentinelles ou plantons. Boîte aux lettres à proximité.	Id. (1)	(1) Le reste de l'ameublement est fourni, entretenu et remplacé par les soins du service de l'intendance.
Autres corps de garde établis dans un intérêt militaire.	Même ameublement que ci-dessus, sauf la boîte aux lettres. En plus, dans les postes d'officiers, 1 table et portemanteaux.	Service du génie. (1)	
Bureaux de compagnie, escadron ou batterie.	1 table à tiroir fermant à clef (A). 3 chaises (A). 1 casier à registres de 1 mètre de long. 1 râtelier d'armes.	Masse de casernement.	
	1 forge. 1 enclume et son billot. 1 soufflet avec chaîne de tirage.	Service du génie.	

Atelier des armuriers..	1 auge pour la trempe. 1 fourneau à bronzer. 1 établi 1 râtelier d'armes. 1 table de 0m,06 à 0m,08 d'épaisseur (A).	Masse de casernement.
Atelier des tailleurs...	Portemanteaux et tablettes au-dessus, de 0m,40 à 0m,50 de largeur sur 5 à 6 mètres de longueur. 1 établi sur tréteaux (A).	Id.
Ateliers des cordonniers ou bottiers et des selliers.	Portemanteaux. Tablettes en quantité suffisante.	Id.
Magasins d'armement.	Râteliers d'armes en quantité suffisante. 1 table (A). Echelles doubles (A).	Id.
Magasin d'habillement du corps.	Etagères en quantité suffisante. Tables de 2 mètres sur 1 mètre, en nombre variable selon les besoins (A). Autre table de mêmes dimensions étalonnée par les soins du corps pour le mesurage des étoffes (A). 1 rouleau pour la vérification des étoffes. Echelles doubles et escabeaux, selon les besoins (A). Appareils extincteurs d'incendie.	Id. Service du génie.
Magasins d'habillement de compagnie, escadron ou batterie.	Etagères en quantité suffisante. 1 râtelier pour une dizaine d'armes. 1 échelle simple (A). 1 escabeau (A). 1 table légère à tréteaux de 2 mètres de longueur (A).	Masse de casernement.
Magasins de arnachement.	1 table (A). Tablettes. Porte-selles ou porte-harnais. Chevalets d'astiquage.	Id.

DÉSIGNATION DES LOCAUX.	OBJETS D'AMEUBLEMENT.	ENTRETENUS et REMPLACÉS AU COMPTE de	OBSERVATIONS.
Magasin aux munitions.	1 civière (A). 1 maillet et chasse-poignée en bois (A). 1 vilebrequin avec lame de tournevis (A). 1 balai en crin (A). Chantiers et cales (A).	Masse de casernement.	
Pensions des sous-officiers.	Tables, à raison de 0^m,60 par sous-officier (A). Chaises ou bancs (A). Portemanteaux. Casiers à serviettes.	Id.	
Cuisines..............	Fourneaux (1). 1 moulin à café, grand modèle (B). 1 ou plusieurs appareils pour la préparation du café (B). Marmites (1). 1 tisonnier, 1 râclette et 1 pelle à charbon par fourneau (B). Tables de 0^m,90 de largeur, à raison de 0^m,17 de longueur pour 5 gamelles (A). Tablettes en quantité suffisante, à 0^m,50 au-dessus des tables. Etagères-égouttoirs au-dessus des éviers. 1 chevalet pour scier le bois (A). 1 billot en bois à proximité de chaque cuisine (A).	Service du génie. Masse de casernement.	(1) La nomenclature E¹ du matériel du service du chauffage et de l'éclairage indique la nature des fourneaux et marmites dont le renouvellement incombe à l'Etat et ceux de ces appareils qui ne peuvent être achetés au compte de la masse de chauffage et d'éclairage qu'après une autorisation préalable du Ministre.
Cabinets aux provisions	Tablettes-étagères. Crochets pour la viande. Etagères à pain doubles. Etagères pour les denrées de troupe (A).	Id.	

Magasin de la commission des ordinaires.	1 table à tiroir fermant à clef pour le sous-officier de distribution (A). 1 banc (A). 1 potence ou crochet en fer pour suspendre la balance à fléau. 1 planche pour les poids de la balance.	Id.	
Boucherie (2)............	1 étal. Table de troupe pour débiter et dépecer la viande (A). Barres de fer scellées portant des crochets doubles et fixes pour suspendre la viande. 1 crochet pour suspendre la balance. 1 râtelier pour ustensiles et outils de boucher. 1 table à tiroir fermant à clef (A).	Id.	(2) Quand la viande est livrée en quartiers. (3) Organisés à titre définitif.
Réfectoires (3).........	Table de 0^m,70 de largeur et bancs en quantité suffisante (0^m,50 par homme)(A)	Id.	
Latrines de nuit.......	A défaut de latrines de nuit, baquets de propreté métalliques en nombre suffisant.	Id.	
Lavabos...............	Tablettes recouvertes de zinc. Portemanteaux.	Id.	
Chambres des filtres et stérilisateurs (4).	Filtres, réservoirs, robinets de distribution, bâches, pompes à air et accumulateurs de pression.	Id.	(4) Les dépenses qu'entraînent le fonctionnement, le nettoyage et la stérilisation des appareils sont à la charge des ordinaires.
Puits...............	Pompes, poulies avec chaînes ou cordes et seaux.	Service du génie.	
Séchoirs	Fils de fer galvanisés.	Masse de casernement.	
Locaux disciplinaires..	Lits de camp. Baquets de propreté métalliques (A).	Id.	
Dépôts d'ustensiles d'éclairage.	1 ou 2 rangées de tablettes dont l'une à hauteur d'appui.	Id.	

DÉSIGNATION DES LOCAUX.	OBJETS D'AMEUBLEMENT.	ENTRETENUS et REMPLACÉS AU COMPTE de	OBSERVATIONS.
Infirmerie régimentaire. 1o salles de malades.	Tables (A), bancs (A), planches à bagages et à pain, suivant la contenance.	Masse de casernement.	
2o salle de visite.	2 armoires fermant à clef, l'une pour les médicaments avec compartiment à clef pour les poisons, l'autre pour le matériel de pansement (A). 1 armoire-bibliothèque (A). Rayons. 2 tables dont l'une à tiroirs fermant à clef (A). 1 réchaud à gaz, s'il y a lieu (B). 3 chaises (A).	Id.	
3o tisanerie.....	1 poêle en fonte à 2 marmites (B).	Service du génie.	
4o réfectoires, salle d'attente.	Bancs (A), tables (A) et portemanteaux en quantité suffisante.	Masse de casernement.	
5e magasins au matériel.	Etagères en quantité suffisante.	Id.	
Bains par aspersion ...	Portemanteaux dans le vestiaire. Bancs (A). Plancher en caillebotis.	Id.	
	Estrade avec bureau fermant à clef (A). 6 chaises (A). Nombre suffisant de bancs et de tables munies d'encriers et de montants destinés à recevoir une corde pour suspendre les modèles (A).		

Ecoles régimentaires..	1 tableau noir (A). 1 rang de liteaux à crochets pour suspendre les tableaux et modèles. Portemanteaux. 1 armoire à deux battants fermant à clef, avec rayons (A). 1 tableau noir par unité pour l'enseignement dans les chambres (A).	Id.
Bibliothèque et salle de lecture des sous-officiers.	Bancs et tables du modèle adopté pour les écoles (A).	Id.
Bibliothèque et salle de lecture de la troupe.	Id.	Id.
Salle d'escrime des officiers..	2 pistes en bois de $0^m,60$ de largeur et de 5 mètres au moins de longueur (A). 2 chaises (A). Portemanteaux. Liteaux à crochets pour suspendre le matériel. 1 cuvette-lavabo avec robinet d'eau (A). 1 glace pour le vestiaire (A).	Id.
Salle d'escrime de la troupe.	Comme ci-dessus, pistes en bois (6 pour un régiment, 2 pour un bataillon isolé), liteaux à crochets, portemanteaux.	Service du génie. Masse de casernement.
Atelier de confection des cartouches de tir réduit.	Bancs et tables assez épaisses pour pouvoir y fixer, à l'aide de vis, la presse à amorcer, la pince à désamorcer, et la cisaille à ébarber (A). Le nombre et les dimensions de ces bancs et tables sont en rapport avec le nombre des jeux d'outillage.	Id.
Selleries...............	Porte-selles ou porte-harnais en quantité suffisante.	Id.
Magasins à fourrages..	Coffres à avoine (1).	Id.

(1) A défaut de magasin à fourrages ou de place, ces coffres peuvent être placés dans les écuries.

DESIGNATION DÉS LOCAUX.	OBJETS D'AMEUBLEMENT.	ENTRETENUS et REMPLACÉS AU COMPTE de	OBSERVATIONS.
Ateliers des maréchaux ferrants.	Soufflets avec chaines de tirage. 1 enclume de 75 à 80 kilos, par feu. 1 bigorne de 50 kilos environ. id. id. avec billot. 1 étau pour 2 feux ou 2 pour 3 feux. 1 établi. 1 billot spécial pour percer les fers (A). Portemanteaux. Tablettes pour fers préparés. Casiers pour ferrures de réserve. Anneaux d'attache dans les hangars au ferrage.	Service du génie. Masse de casernement.	
1° écuries-infirmeries.	Mobilier des écuries ordinaires, plus un seau métallique numéroté pour chaque cellule de contagieux.	Id.	
2° pharmacie vétérinaire. a) Bureau.	1 table-bureau avec tiroirs fermant à clef (A) 3 chaises (A). 1 armoire fermant à clef pourvue de rayons pour médicaments (A). 1 armoire aux poisons (A). 1 armoire-bibliothèque fermant à clef (A).	Id.	
b) Laboratoire ..	1 table en chêne pour préparation des médicaments (A). 1 banc (A). 1 fourneau à 2 marmites, l'une de 80 litres, l'autre de 30 (B). Hache-paille.	Id. Service du génie.	
3° magasin à fourrages.	Coffre à avoine.	Masse de casernement.	

Infirmerie vétérinaire.

Manèges couverts......	Tonneaux d'arrosage. Piliers.	Id. (1)	(1) Masse de harnachement et ferrage dans les régiments de spahis algériens.
Edifices militaires forts, citadelles (2).	Drapeaux ou pavillons avec mât de pavillon et de manœuvre. Appareils pour les illuminations (B). Guérites pour le service des places. Horloges (3). Pompes à incendie et accessoires.	Id. Service du génie.	(2) Les hôtels des généraux pourvus d'emploi ont un mât de pavillon et un pavillon. (3) Le remontage est à la charge du service du génie.
Cours................	Outils pour l'entretien. Guérites pour le service intérieur.	Masse de casernement.	
Chambres, bureaux, etc. (Appareils de chauffage pour)	Poêles (B). Tuyaux et coudes (B). Tisonniers (B). Pelles à feu (B). Plaques en fonte (B). Cendriers, s'il y a lieu (B).	Id.	

ANNEXE N° 3.

(Art. 103.)

Nomenclature des travaux de réparation et d'entretien qui sont exécutés par les corps occupants dans les casernes, quartiers et accessoires du casernement.

MAÇONNERIE.

Scellements, descellements et rescellements des gonds, pattes, barreaux, grillages et, en général, de toutes pièces scellées aux murs.

Réparations à tous enduits des murs et cloisons (à l'exclusion des plafonds) jusqu'à 3ᵐ,50 au-dessus du sol et des planchers.

Réfection des solins autour des portes, des croisées et des marches d'escaliers ; bouchage des trous faits par les rongeurs.

Remaniement et rejointoiement de pavages et carrelages. Remplacement de pavés, carreaux et briques en recherche.

Fourniture de sable pour le nettoyage des planchers.

MENUISERIE.

Jeu à donner aux portes, croisées persiennes et volets.

Réparations aux plinthes, lambris, ébrasements, cymaises, encadrements de baies, aux cloisons en bois pleines ou à claire-voie.

SERRURERIE.

Entretien et remplacement de tous les organes de mouvement ou de fermeture des portes, croisées, volets et persiennes, et, en général, de tous les objets courants de quincaillerie, tels que serrures, boutons de porte, cadenas, charnières, crochets et arrêts de croisées ou de volets, équerres, fiches, paumelles, crémones et espagnolettes, loquets, loqueteaux, targettes, verrous, tirages d'impostes, pattes de toute espèce, broches, clous, vis à bois ou à métaux, pitons, tire-fond, boulons et rivets, sonnettes et leurs tirages.

PEINTURE ET VITRERIE.

Blanchissage intérieur des locaux, y compris la fourniture des matériaux, de l'outillage et des vêtements de toile

Remplacement des carreaux de vitre. Remasticage des boiseries et de la vitrerie.

Fourniture et pose des papiers de tenture.

Lessivage et renouvellement périodique des peintures des barreaudages, treillages, jalousies, persiennes, volets, portes et croisées ou châssis, tant à l'intérieur qu'à l'extérieur (à l'exclusion des grilles de façade), et, en général, entretien et renouvellement de toutes peintures à l'intérieur des bâtiments. Raccords de peinture et de badigeon sur les boiseries ou les murs qui auront été réparés au compte de la masse de casernement.

FUMISTERIE.

Pose, dépose, nettoyage intérieur et extérieur des poêles et de leurs tuyaux (1) à l'exclusion du ramonage des corps de cheminées.

AMEUBLEMENT.

Entretien et renouvellement des objets mobiliers fixes ou mobiles énumérés à l'annexe n° 2 (2).

DIVERS.

Entretien des cours (matériaux, transport et main-d'œuvre) et des plantations (y compris le renouvellement et la taille des arbres).

Entretien des champs de manœuvres, des champs de tir, des stands, des gymnases et des écoles de natation (travaux d'appropriation en dehors du matériel).

OBSERVATION FINALE.

Les corps ne sont tenus en aucun cas aux travaux d'entretien qui nécessitent un échafaudage de plus de 2 mètres de hauteur.

---

(1) Ces travaux sont maintenant à la charge de la masse de chauffage et d'éclairage. (Annexe A du décret du 8 février 1907, vol. 5.) Voir l'article 59 de la même instruction, pour l'installation, l'entretien et le nettoyage des poêles et de leurs tuyaux.

(2) L'entretien et le renouvellement des objets mobiliers mobiles incombent actuellement à la masse de couchage et d'ameublement.

ANNEXE N° 4.

(Art. 105.)

Tarif des primes trimestrielles de la masse de casernement.

(Décret du 12 février 1900.)

	PRIMES TRIMESTRIELLES							OBSERVATIONS.
	LE CORPS OCCUPANT							
	une caserne de la 1re catégorie.	une caserne de la 2e catégorie.	une caserne de la 3e catégorie.	une caserne de la 4e catégorie.	une caserne de la 5e catégorie.	une caserne de la 6e catégorie.	des locaux dont l'entretien incombe au génie.	
	fr. c.	fr. c.	fr. c.	fr. c.	fr. c.	fr. c.	fr. c.	
Par place d'homme (1). { à pied.	» 26	» 31	» 6	» 46	» 56	» 66	» 11	
Par place d'homme (1). { monté.	» 50	» 55	» 60	» 70	» 80	» 90	» 35	
Par place d'animal (cheval ou mulet) (2).....	» 50	» 55	» 60	» 70	» 80	» 90	» 35	

(1) Les nombres de places à faire entrer dans le calcul des allocations sont ceux de la contenance maxima augmentés des nombres de places éventuelles, d'après l'état d'assiette.
(2) D'après l'état d'assiette.

ANNEXE N° 5.

(Art. 120.)

Ecritures à tenir pour l'exécution du service d'entretien et la comptabilité de la masse et du matériel de casernement.

I. — Exécution du service.

Les commandants d'unités, les chefs de service et l'adjudant-major de semaine font de fréquentes tournées dans les locaux occupés par leur troupe ou service ou placés sous leur surveillance, et adressent, le cas échéant, au major un état (modèle n° 8) des travaux de réparation ou d'entretien à exécuter dans lesdits locaux.

Le major vise, s'il y a lieu, ces états pour exécution et, après les avoir fait enregistrer sommairement sur un carnet (modèle n° 9), les remet à l'officier de casernement. Celui-ci fait procéder à l'exécution des travaux, inscrit dans les colonnes *ad hoc* les quantités de matériaux employées et conserve les états pour être mis à l'appui de sa comptabilité.

II. — Comptabilité de la masse de casernement.

La situation des recettes et des dépenses de la masse de casernement, ainsi que celle des matériaux consommables et des outils, sont suivies sur un registre (modèle n° 10) tenu par l'officier de casernement. Ce registre, coté et paraphé par le major, est arrêté trimestriellement; les écritures en sont vérifiées par le major et le sous-intendant militaire.

De plus, le conseil d'administration fait établir et arrête annuellement le compte d'emploi de la masse de casernement (modèle n° 11), présentant la balance des recettes et dépenses, ainsi que l'indication de la valeur des outils, matériaux et objets divers appartenant au corps d'après l'inventaire décompté annuel (voir ci-après § III). La répartition des dépenses suivant les rubriques du modèle est effectuée d'après le registre de l'officier de casernement.

Le compte d'emploi est dressé en double expédition; après vérification par les fonctionnaires de l'intendance, l'une d'elles est transmise au Ministre (4ᵉ Direction, Matériel), l'autre est renvoyée au corps avec les pièces justificatives.

III. — Comptabilité du matériel de casernement.

L'ameublement mobile pris en charge par le corps est compris dans la section VI du registre des entrées et des sorties du matériel appartenant à l'Etat; il figure dans le compte de gestion produit annuellement au titre du service du génie (1).

Le matériel au compte de la masse de casernement est inscrit au registre des entrées et sorties du matériel appartenant au corps, dans une nouvelle subdivision ajoutée à ce registre (2) ; il en est produit chaque année un inventaire décompté, qui est annexé au compte d'emploi de la masse.

---

(1) Ce matériel est inscrit maintenant au registre des entrées et sorties du matériel appartenant au corps (1re partie, 3e subdivision) : matériel au compte de la masse de couchage et d'ameublement.

(2) 2e partie, 5e subdivision : matériel au compte de la masse de casernement.

DISPOSITIONS DIVERSES.

---

*Circulaire relative à la tenue et à l'hygiène
des casernements.*

Paris, le 5 février 1894.

Mon cher Général, au moment où vont commencer les inspections et les revues de toute nature, je crois devoir attirer votre attention sur certaines questions relatives à l'organisation intérieure des corps, à la tenue, à l'entretien et à l'hygiène des casernements, que je vous prie d'examiner avec soin et de signaler à MM. les officiers généraux et chefs de corps sous vos ordres.

J'attache une grande importance à ces questions, qui intéressent le bien-être et la santé des hommes, ainsi que le bon fonctionnement des services intérieurs des corps de troupe. La plupart d'entre elles sont visées par des prescriptions antérieures, ou déjà réglementées dans certains corps d'armée ; je crois cependant utile de les rappeler et d'en généraliser l'application. Ces questions présentent un intérêt permanent ; il ne faut donc pas attendre l'époque des inspections générales pour leur examen. Pendant toute l'année, il appartiendra aux généraux et aux chefs de corps de s'en occuper et d'en préparer les solutions les plus pratiques suivant les circonstances locales. L'action des inspecteurs généraux s'exercera ensuite pour contrôler les progrès réalisés et pour préciser les améliorations dont il y aurait lieu de poursuivre a réalisation dans l'avenir.

La plupart des travaux qui en résulteront pourront être exécutés sur les ressources des corps ou sur les fonds normalement affectés au service local du génie, sans qu'il soit besoin d'avoir recours à des crédits spéciaux.

CASERNEMENT.

Assiette du casernement. — L'assiette du casernement doit être établie avec soin. Le casernement des hommes doit être élargi autant que possible, et, en dehors des emplacements strictement nécessaires, il ne devra être attribué de locaux supplémentaires aux magasins, ateliers, etc., que lorsque le casernement des troupes aura pu être établi dans de bonnes conditions et que les sous-officiers, surtout les sous-officiers rengagés, auront pu être installés d'une manière satisfaisante.

Entretien du casernement. — Dans l'intérieur du casernement et principalement dans les locaux d'usage commun (corridors, escaliers, etc.), les murs doivent être tenus constamment dans le plus grand état de propreté. Les blanchiments périodiques sont insuffisants : il faut, dans chaque corps, créer une équipe permanente, qui exécutera les réparations au fur et à mesure des besoins.

L'entretien et la réparation des planchers doivent être surveillés. Il faut les nettoyer avec soin, en utilisant des procédés simples, en rapport avec les circonstances locales. Dans tous les cas, il sera avantageux de mélanger un peu d'acide phénique aux divers ingrédients ou à la petite quantité d'eau dont on fera usage. Dans quelques corps, on a appliqué avec succès un procédé de coaltarisation, donné ci-après à titre de renseignement, mais qui entraîne une dépense assez élevée pour qu'il ne soit pas possible d'en rendre l'usage obligatoire.

Dans certains bâtiments anciens, les planches à bagages des chambres, comme les lits de camp des corps de garde et des salles de discipline, sont fixes. Ce matériel doit être modifié et rendu démontable en vue de la désinfection.

Des crachoirs existent actuellement dans les chambres en nombre généralement suffisant ; il faut en étendre l'emploi aux corridors, escaliers et autres locaux communs.

Réfectoires. — L'usage des réfectoires doit être généralisé partout où les ressources du casernement le permettront. Leur installation ne doit pas entraîner de dépenses exagérées ; le mobilier et le matériel doivent être limités aux objets indispensables pour assurer la propreté. Dans la plupart des cas, les armoires sont trop dispendieuses et on cessera, par conséquent, d'appliquer la circulaire du 2 septembre 1891 ; il est préférable de laisser le pain dans les chambres, à la disposition des hommes ; il conviendra alors de le mettre à l'abri de la poussière. Un dispositif simple, tel qu'une toile d'emballage tendue sur quelques lattes, permettra d'arriver au résultat voulu avec une dépense minime.

Latrines. — La propreté des latrines et urinoirs doit être surveillée avec le plus grand soin. Toutes les latrines d'anciens types doivent être, dans le plus bref délai possible, transformées d'après le système des tinettes mobiles, du tout à l'égout, ou tout autre système donnant des résultats analogues.

Cette observation est surtout importante pour les latrines et urinoirs qui peuvent encore exister à l'intérieur des bâtiments.

Eaux. — La question des eaux doit rester l'objet des préoccupations constantes du commandement. Il faut tendre à doter les quartiers d'eau saine, en quantité suffisante pour les usages journaliers, indépendamment de l'eau pure destinée à la boisson ou à la cuisine.

Dans les casernements où fonctionnent des filtres Chamberland, le médecin du corps devra veiller à leur entretien et stériliser périodiquement les filtres en temps utile. Les compagnies, escadrons ou batteries devront disposer de cruches en nombre suffisant pour que les hommes aient toujours à leur disposition de l'eau potable.

Chaque bâtiment servant au casernement des troupes doit être pourvu de lavabos en rapport avec le nombre d'hommes qu'il contient. Ces lavabos doivent pouvoir être à la disposition des hommes aussi longtemps qu'il est nécessaire pour que chacun puisse se laver à l'aise. Il en est de même pour les lavoirs.

L'écoulement des eaux ménagères doit être assuré de manière que rien ne séjourne dans les cours, surtout à proximité des bâtiments. Près des écuries, les trottoirs pavés où se fait le pansage devront présenter un écoulement suffisant et être entretenus avec le plus grand soin.

Infirmeries. — L'installation des infirmeries, et surtout de celles existant encore dans des bâtiments servant en même temps au casernement des troupes, sera l'objet d'une attention particulière. Les locaux accessoires, cuisines, tisaneries, latrines, etc., doivent être tenus avec une extrême propreté. Il arrive parfois qu'avec un espace suffisant le service se trouve entravé par suite de mauvais agencements intérieurs. Il conviendra alors de remanier la distribution, en assignant aux différents services des locaux en rapport avec les besoins à satisfaire, de manière à utiliser au mieux toute la place disponible et à assurer dans toutes les infirmeries le fonctionnement de services indispensables, comme par exemple les vestiaires, qui font trop souvent défaut.

Dans le même ordre d'idées, il conviendra de s'assurer que les hôpitaux mixtes et militaires répondent bien aux besoins du service. En ce qui concerne les premiers, on engagera au besoin, avec les autorités locales, des négociations pour arriver à les doter de salles d'isolement, vestiaires, etc., installés dans des conditions satisfaisantes.

Bains - Douches. — Les bains-douches constituent un des progrès les plus sérieux accomplis pour la propreté et l'hygiène des hommes. Leur installation doit donc être généralisée, soit dans des locaux spéciaux, soit dans les infirmeries. Il faut obtenir ce résultat que tous les hommes, arrivant au corps ou revenant d'une absence de quelque durée, puissent passer par le bain avant de rentrer dans les chambres.

ALIMENTATION.

Cuisines, alimentation. — La propreté des cuisines, des locaux annexes, du matériel et du personnel qui y sont employés doit être l'objet d'une surveillance constante.

Il est d'usage, quand la situation des bonis le permet, de faire des distributions de liquide. Il est préférable d'augmenter la ration de viande, en réservant les distributions de vin pour les jours de fatigue exceptionnelle.

Dans tous les cas, il y a lieu, surtout dans les périodes de travail, de s'efforcer de porter la ration de viande au delà de 300 grammes. Il faut en tout temps exercer la surveillance la plus rigoureuse sur la qualité de la viande.

Fours à rôtir. — Certains corps ont réussi à installer des fours à rôtir, peu coûteux et d'un usage commode. Ces fours peuvent en même temps être utilisés pour la fabrication du pain de soupe.

Potagers. — Les jardins potagers entretenus dans un certain nombre de garnisons donnent parfois de bons résultats; mais il y a lieu de surveiller rigoureusement leur fonctionnement, qui donne souvent lieu à des abus. On doit s'assurer que les produits sont réellement rémunérateurs pour les ordinaires, que le personnel affecté à la culture n'est pas trop nombreux et qu'il est employé efficacement, surtout dans les terrains éloignés des casernements.

Mess des sous-officiers. — La création de mess et de cercles pour les sous-officiers devra être encouragée partout où les ressources du casernement en permettront l'installation. Quand l'organisa-tion d'un mess n'est pas possible, il faut veiller à ce que les sous-officiers trouvent dans les cantines une installation et une nourri-ture convenables, et qu'ils aient, en outre, à l'intérieur de la caserne, des salles de lecture et de jeu.

Cuisiniers, bouchers, boulangers. — Le relèvement des hommes employés à la cuisine doit se faire exactement et être réglé de manière que chaque unité possède, à la mobilisation, un nombre suffisant d'hommes à qui leur passage par les fonctions de cuisi-nier aura permis d'apprendre la préparation des aliments.

Dans le même ordre d'idées, il est essentiel que pour pouvoir mettre en œuvre les ressources que présenteront les cantonne-ments, chaque unité possède, à la mobilisation, un boucher sa-chant au moins dépecer la viande et deux boulangers. Les hommes exerçant ces professions devront donc être répartis sur l'ensemble du corps. A défaut d'hommes de ces catégories, on en dressera spécialement pour ce service, en les employant pendant quelque temps aux fours régimentaires ou dans les manutentions pour les boulangers, et, pour les bouchers, chez les fournisseurs de viande ou à la commission des ordinaires.

Signé : A. MERCIER.

Circulaire indiquant les renseignements que doivent fournir les procès-verbaux de convenance précédant la passation des baux de location.

Paris, le 29 mai 1899.

Mon cher Général, l'article 78 du règlement du 3 mars 1899 sur le service du casernement, prescrit l'établissement, préalablement à toute location pour les besoins du service du casernement, d'un procès-verbal de convenance, dans lequel la location proposée est examinée et discutée, au double point de vue des intérêts du Trésor et de la convenance de l'immeuble pour l'usage auquel il est destiné.

Bien que des prescriptions analogues fussent déjà contenues dans l'article 117 du règlement du 30 juin 1856, j'ai souvent eu l'occasion de constater que les renseignements fournis par les procès-verbaux de convenance n'étaient pas suffisants pour m'éclairer complètement sur la suite à donner aux propositions présentées.

Il importe que ces documents fassent ressortir très nettement :

1° Les besoins auxquels il s'agit de satisfaire (nature, nombre et dimensions des locaux nécessaires), ces besoins étant justifiés par l'effectif de la garnion ou par l'importance des approvisionnements à entretenir;

2° La façon dont les locaux proposés satisfont à ces besoins;

3° Les conditions de la location (prix, durée du bail, travaux d'aménagement à la charge du bailleur).

Ces derniers renseignements prennent une importance toute spéciale lorsqu'il s'agit d'un immeuble à construire par le bailleur en vue de la passation d'un bail à long terme; le procès-verbal doit être accompagné, dans ce cas, de dessins et d'un devis descriptif et estimatif de l'immeuble à construire, permettant de constater que le prix demandé pour la location est bien en rapport avec la valeur de l'immeuble et les différentes charges assumées par le bailleur.

J'ai l'honneur de vous prier de vouloir bien porter les instructions qui précèdent à la connaissance des commandants d'armes et des directeurs des services intéressés, en les invitant à en tenir, le cas échéant, le plus grand compte.

Circulaire relative à l'ameublement des corps de garde des établissements de l'artillerie.

Paris, le 9 septembre 1899.

Le Ministre a été consulté sur la question de savoir à qui incombent la fourniture et l'entretien de l'ameublement des corps de garde des établissements de l'artillerie.

Conformément aux prescriptions de l'article 3 du règlement du 3 mars 1899 sur le service du casernement, les bâtiments et terrains utilisés par les établissements spéciaux de l'artillerie ne sont pas compris dans le service du casernement. En conséquence, la fourniture et l'entretien de l'ameublement des corps de garde installés dans ces établissements incombent au service de l'artillerie.

Un certain nombre de ces corps de garde étant actuellement munis d'ameublements délivrés par le service du génie, il sera fait remise de ces ameublements, à titre gratuit, au service de l'artillerie, conformément aux dispositions de l'article 12, paragraphe 2, du règlement du 9 septembre 1888.

Circulaire relative à la création dans les infirmeries vétérinaires d'une armoire spéciale destinée à renfermer les poisons.

Paris, le 13 janvier 1900.

Les dispositions de la circulaire du 31 mai 1899 (1) relative à la création dans les infirmeries régimentaires d'une armoire spéciale destinée à renfermer les poisons, seront également applicables au service vétérinaire sous la réserve des modifications suivantes :

1° Les substances pharmaceutiques des infirmeries vétérinai-

---

(1) Remplacée par la circulaire du 6 octobre 1909 (B. O., p. 1646). Voir notice n° 6 et annexe A, volume 84, et l'article 4 de l'arrêté du 23 janvier 1918 (B. O., p. 1462).

res seront renfermées dans deux armoires distinctes : l'une, l'armoire actuelle, contiendra les médicaments non énumérés dans la liste réglementaire des substances toxiques; l'autre, armoire nouvelle, renfermera tous les produits toxiques, solides ou liquides, qui figurent dans cette liste;

2° Cette seconde armoire prendra le nom d' « armoire aux poisons ».

Elle est acquise par achat dans le commerce ou par confection dans les ateliers du corps, sur les fonds de la masse du couchage et d'ameublement; elle sera ajoutée à la nomenclature des objets d'ameublement énumérés à l'annexe 2 du décret du 3 mars 1899, après l'armoire aux médicaments des infirmeries vétérinaires (voir page 78).

L'armoire aux poisons aura des dimensions suffisantes pour que les récipients de grande capacité, contenant des solutions étendues, y trouvent place et soient situés à la hauteur la plus convenable pour leur maniement et leur usage.

Elle sera établie soit en hauteur soit en largeur, c'est-à-dire que sa forme sera appropriée à la place disponible dans le local destiné à la recevoir.

3° La notice sur la tenue de l'armoire aux poisons dans les infirmeries vétérinaires, ainsi que la liste des substances toxiques qui doivent y être renfermées, seront placardées sur le côté inférieur des battants de la porte de l'armoire aux poisons.

I.

« Les produits toxiques solides ou liquides indiqués à l'annexe A sont placés dans une armoire spéciale dite « armoire aux poisons ». (Notice n° 6, vol. 84.)

II.

Tenue de l'armoire aux poisons dans les infirmeries vétérinaires.

« Art. 1er. L'armoire aux poisons ne devra contenir que les substances toxiques énumérées dans le tableau ci-dessous, à l'exclusion de tout autre médicament ou objet de quelque nature qu'il soit.

Art. 2. Les mots « Armoire aux poisons » seront peints extérieurement, sur la porte, en lettres rouges majuscules très apparentes.

Art. 3. L'armoire doit être munie d'une serrure, dite de sûreté, dont les clefs seront conservées personnellement par les vétérinaires des corps de troupe et établissements militaires.

Art. 4. L'armoire sera placée dans un endroit bien éclairé, de façon à permettre facilement la lecture des étiquettes.

Art. 5. — Dans tous les postes dépourvus d'infirmerie vétérinaire proprement dite, mais dans lesquels s'effectue une visite médicale avec distribution de médicaments puisés soit dans une armoire, soit dans une caisse ou dans une cantine, les substances toxiques devront être séparées et placées dans une caisse spéciale fermant à clef et portant l'étiquette : « Caisse aux poisons. »

Cette caisse sera fournie dans les mêmes conditions que l'armoire aux poisons des infirmeries; la clef en sera conservée par le vétérinaire de service ou, à défaut, par le chef du détachement. (Annexe A, vol. 84.)

Art. 6. Etiquettes. — Elles seront toutes en papier rouge orangé et indiqueront nettement la nature de la substance et le titre des solutions.

La dénomination portera en gros caractères le mot qui rappelle la propriété toxique. Ainsi l'on écrira :

Teinture d'**Opium**.
Mercure cyanure.

Art. 7. Les substances toxiques, solides ou liquides, seront toujours placées dans des fioles ou flacons en verre jaune munis de leurs étiquettes (1).

Les récipients seront, en outre, entourés d'une bande de papier rouge orangé, large de 1 à 3 centimètres, selon leurs dimensions. Cette bande doit faire le tour complet du flacon. Entre l'étiquette et la bande sera placée une seconde étiquette « POISON ».

B). Tableau indiquant les substances toxiques qui doivent être renfermées dans l'armoire aux poisons des infirmeries vétérinaires et les contre-poisons de ces substances. (Voir l'annexe A du vol. 84)

---

(1) Il est formellement interdit de détenir, à quelque titre que ce soit, des bouteilles à vin ou ayant contenu des eaux minérales. (Notice n° 6, vol. 84.)

Solution de différentes questions relatives à l'application du règlement du 3 mars 1899 sur le service du casernement.

Paris, le 12 février 1900.

Différentes questions ont été posées au sujet de l'application du règlement du 3 mars 1899, sur le service du casernement.

Le Ministre fait connaître ci-après les solutions qui doivent être données aux questions soulevées :

Questions posées.	*Solutions.*
1° D'après les articles 10 et 15, le commandant d'armes préside la commission du casernement, et cette commission se réunit sur sa convocation. Ces prescriptions seraient contraires aux règles de la hiérarchie militaire, si l'un des officiers membres de la commission était d'un grade plus élevé ou plus ancien dans le même grade que le commandant d'armes.	Le règlement sur le service du casernement ne saurait modifier les règles de la hiérarchie militaire. Il doit donc être entendu que le commandant d'armes ou son délégué ne préside la commission de casernement que si son grade et son ancienneté le permettent. La commission se réunit sur convocation de son président, dans les cas prévus à l'article 15.
2° Dans les places où ne réside pas de sous-intendant militaire, le suppléant de ce fonctionnaire a-t-il qualité pour faire partie de la commission de casernement?	Non.
3° Le règlement du 15 décembre 1898 (1) sur les frais de route assimile les officiers célibataires vivant avec leur mère veuve, au point de vue des tarifs à leur appliquer, aux officiers mariés ou veufs avec enfants. Y a-t-il lieu de faire la même assimilation en ce qui concerne la composition des logements qui peuvent être affectés à ces officiers dans les établissements militaires?	Oui, les prescriptions de l'article 27 relative aux officiers mariés ou veufs avec enfants vivant avec eux, doivent être étendues aux officiers célibataires vivant avec leur mère veuve.

______

(1) Aujourd'hui décret du 12 juin 1908 (vol. 1005).

4° Les marmites des fourneaux de cuisine, qui font partie du mobilier dont l'entretien est à la charge de la masse de casernement, doivent-elles être prises en charge par les corps?

Non; il convient de s'en tenir pour ces marmites, comme pour les planches à bagages, armoires, etc., aux prescriptions de l'article 1er de l'instruction du 23 décembre 1888 (1) sur la comptabilité-matières, d'après lesquelles ces objets doivent être considérés comme matériel fixe et, par suite, classés dans la catégorie des « objets mobiliers susceptibles d'être considérés comme partie intégrante des bâtiments et devant être entretenus par les corps ». (Modèle n° 4.)

5° Comment doit être calculée la contenance en hommes des casemates munies de lits à étage?

Les contenances normale et maxima des casemates sont calculées d'après les règles données à l'article 30 pour les chambres de troupe; la contenance maxima doit, d'ailleurs, être au plus égale au nombre de places de l'étage inférieur des lits (circulaire du 9 septembre 1876). Ce dernier chiffre sera indiqué pour mémoire dans la colonne « Observations ».

6° L'article 34 fixe le nombre de poêles à affecter à chaque unité administrative à « deux à quatre, suivant l'effectif, le climat et les dispositions particulières du casernement ».

Si l'on appliquait à la lettre ces dispositions à certaines unités spéciales, telles que les sections de commis et ouvriers militaires d'administration, le nombre de poêles alloué serait insuffisant, eu égard à l'effectif et au nombre de locaux occupés.

Les prescriptions de l'article 34 s'appliquent aux unités ordinaires de corps de troupe; lorsqu'il s'agit d'unités ayant des effectifs spéciaux, on détermine le nombre de poêles à leur allouer en s'inspirant de ces prescriptions; le procès-verbal à établir mentionne les raisons particulières qui ont guidé les conférents dans leurs propositions (2).

7° L'article 37 ne contient aucune prescription relative à l'éclairage à l'huile ou au pétrole. Cependant ce mode d'éclairage est encore en usage dans un certain nombre de casernements.

On continuera à appliquer, pour l'éclairage à l'huile et au pétrole, les prescriptions de la note ministérielle du 12 novembre 1887 (B. O., page 510) (3).

---

(1) Aujourd'hui instruction du 30 décembre 1902 (vol. 27).

(2) Dispositions actuellement sans objet. Voir le renvoi (2) de la page 23.

(3) Dispositions actuellement sans objet. Voir les articles 74 à 76 de l'instruction du 8 février 1907 (vol. 5).

8° Les différents appareils qui constituent le tableau de distribution d'une installation d'éclairage électrique font-ils partie des accessoires dont la fourniture est mise par l'article 37 à la charge du service du génie, dans le cas où il s'agit d'un établissement des services de l'intendance ou de santé?

Non, la fourniture du tableau de distribution, lorsque l'installation d'une usine électrique est nécessaire, incombe au service chargé de la fourniture des machines et des accumulateurs. Le service du génie n'a à sa charge que la fourniture et la pose des conducteurs et de leurs accessoires (1).

9° Les dispositions de la circulaire du 22 décembre 1898, qui mettent à la charge de la masse de casernement, l'achat de l'huile nécessaire pour le graissage des urinoirs, sont-elles annulées par l'article 61, d'après lequel les désinfectants dont l'emploi est prescrit par les soins journaliers de propreté des latrines sont fournis par le service du génie?

Non, la circulaire du 22 décembre 1898 reste entièrement en vigueur; le graissage des urinoirs doit être considéré comme une opération d'entretien et non de désinfection.

10° Les imprimés pour affichage de l'extrait du règlement dont il est question à l'article 63 doivent-ils être fournis par l'administration centrale?

Non, le service local du génie doit se procurer ces imprimés dans le commerce.

11° Les dispositions de l'article 8 de l'instruction ministérielle du 12 mai 1888, relatives au paiement des dépenses occasionnées par les écoles de natation sont-elles abrogées en ce qui concerne le paiement des loyers de ces établissements, par les articles 80 et 86 du règlement du 3 mars 1899?

Non, ces dépenses, qui incombent au budget des écoles, continueront à être payées dans les conditions fixées par l'instruction du 12 mai 1888 (2).

12° D'après l'article 86, le paiement des loyers des locaux pris en location et la liquidation des dépenses de location sont assurés par le directeur du service qui a provoqué la location. D'après les articles 99 et 100, le ramonage des cheminées et la vidange des latrines de ces locaux incombent au service du génie pour tous les établissements du service du casernement. Il sem-

Les ramonages des cheminées des immeubles pris à loyer ou prêtés seront exécutés à la diligence et à la charge du service qui a provoqué la location. Il en sera de même pour les vidanges, lorsque les baux ou conventions mettent cette charge au compte de l'Etat.

---

(1) Voir les articles 16, 70 et 78 de l'instruction du 8 février 1907 (vol. 5).
(2) Aujourd'hui instruction du 24 octobre 1913 (vol. 2).

ble qu'il serait préférable de laisser à la charge de chaque service toutes les dépenses afférentes aux immeubles loués pour ses besoins.

13° Les locaux des forts qui sont affectés en temps de paix au logement des troupes ou utilisés pour les services de l'intendance ou de santé doivent-ils être entretenus par les corps ou services occupants ?

Non, ces locaux ne rentrent pas dans les exceptions prévues à l'article 97; ils doivent, par conséquent, être entretenus par le service du génie, conformément aux dispositions du premier alinéa de cet article.

14° Par qui doivent être entretenus et remplacés les drapeaux ou pavillons des édifices militaires non affectés au logement de la troupe et ceux des hôtels des quartiers généraux.

Le renouvellement de ces drapeaux doit-il encore faire l'objet d'un procès-verbal dressé par le sous-intendant militaire de concert avec le commandant d'armes et le chef du génie ?

Par le service du génie, les indications de la colonne 3 de l'annexe n° 2 ne concernent que les pavillons, casernes ou quartiers affectés au logement de la troupe.

Non; on n'a pas jugé utile de maintenir cette disposition du règlement du 30 juin 1856.

15° Comment le tarif de l'annexe n° 4 doit-il être appliqué aux corps de troupe de l'artillerie, qui comprennent des hommes à pied et des hommes montés ?

Les primes pour places d'hommes montés doivent être payées pour toutes les places du casernement affecté à des unités montées, que tous les hommes de ces unités soient ou non effectivement montés.

16° Comment ce tarif doit-il être appliqué à un détachement appartenant à une unité à pied qui occupe une partie d'un casernement normalement destiné à des troupes montées ?

Le corps auquel appartient ce détachement perçoit pour le nombre de places existant dans les locaux qui lui sont affectés la prime pour place d'hommes à pied.

17° Les états détaillés d'assiette doivent-ils être signés par tous les membres de la commission de casernement chargée d'arrêter ces états ?

Non; comme l'indique le modèle n° 1, le chef du génie signe seul les états; l'arrêté de la commission de casernement se fait par procès-verbal.

18° Les modèles d'états détaillés annexés au règlement supposent que chaque établissement a une destination unique. Comment doit-on établir ces états lorsqu'un établissement renferme des locaux affectés à différents services ?

On confectionne l'état détaillé de l'établissement avec des feuilles des divers modèles correspondant aux différents services. En outre, on fait figurer pour mémoire, d'une façon sommaire et sans indication de contenance, les bâtiments ou locaux affectés aux services secondaires dans les tableaux consacrés au service principal (par exemple,

19° La contenance maxima à porter sur les nouveaux états détaillés peut-elle être supérieure à la contenance portée sur les anciens états d'assiette ?

20° Comment doit être calculé le nombre de places éventuelles ?

21° Peut-on compter dans la contenance maxima ou dans les places éventuelles certains locaux affectés à des accessoires facultatifs du casernement, tels que des réfectoires ?

22° Les chiffres à porter au tableau d'occupation de l'état détaillé du logement des troupes sont-ils ceux de l'effectif des divers corps ou détachements ?

23° L'expédition du petit atlas qui doit être jointe aux états détaillés doit-elle comprendre une légende ?

casernement des ouvriers d'administration dans une manutention, magasin aux vivres, dans une caserne, etc.....)

On rappelle que les états détaillés des forts ne doivent comprendre que les locaux définis au paragraphe 17° de l'article 2 du règlement et ne donner, autant que possible, aucun renseignement sur la fortification. L'attention des officiers appelés à les détenir devra être appelée sur leur caractère confidentiel.

En principe, la contenance maxima doit être la même que la contenance portée sur les anciens états d'assiette. On ne doit pas, en effet, se contenter, pour calculer cette contenance, de diviser par 12 ou par 14 le cube de la chambre, mais encore se préoccuper des conditions d'habitabilité et d'aménagement des locaux.

Le nombre de places éventuelles doit être calculé comme la contenance maxima en tenant compte du cube d'air et de la possibilité de placer des lits.

Lorsqu'une chambre de troupe (munie de son ameublement) est provisoirement utilisée comme réfectoire, on doit la compter dans la contenance maxima. Lorsqu'un local est régulièrement affecté à destination de réfectoire ou d'un autre accessoire et aménagé à cet effet, il cesse de compter dans la contenance maxima.

On ne doit jamais compter comme places éventuelles des locaux ayant une affectation normale, quelle qu'elle soit.

Non, ces chiffres sont les totaux des contenances des locaux affectés à chaque corps ou détachement.

On utilisera les feuilles du petit atlas telles qu'elles existent dans les places ; si elles comprennent une légende qui ne soit pas d'accord avec l'état détaillé, on bâtonnera cette légende.

4

24° Doit-on joindre à l'état détaillé de chaque établissement la feuille du petit atlas qui donne le plan d'ensemble de l'établissement?

Oui, sauf pour les locaux de la fortification, pour lesquels il y aurait un inconvénient à donner un plan d'ensemble.

25° Tous les établissements ressortissant au service du casernement énumérés à l'article 2 doivent-ils figurer à l'état résumé et à l'état général d'assiette? Dans le cas de l'affirmative, comment doivent-ils être répartis entre les six chapitres indiqués par les modèles?

Tous ces établissements, á l'exception des écoles militaires, doivent figurer à l'état résumé et à l'état général, les §§ 1° à 10° de l'article 2 correspondant au chapitre 1er, les §§ 11° et 12° au chapitre 2, le § 13° aux chapitres 3 et 4, le § 14° au chapitre 5, le § 15° au chapitre 6 et le § 17° se répartit suivant l'affectation des locaux.

26° Les pavillons et salles militaires des hospices mixtes doivent-ils figurer sur les états d'assiette?

Ces locaux, ne faisant pas partie des établissements du casernement, ne feront pas l'objet d'états détaillés d'assiette; mais on les fera figurer pour mémoire aux états résumés et généraux dans un 4° paragraphe du chapitre 5, intitulé § 4. — *Pavillons et salles militaires des hospices mixtes.*

On n'indiquera d'ailleurs que leur contenance, telle qu'elle résulte des conventions passées avec les hospices.

Décret constituant une masse de casernement aux établissements hippiques de Suippes.

(Direction du Génie; Bureau du Matériel.)

Paris, le 18 mars 1901.

Le Président de la République française,

Vu le décret du 28 juin 1894, constituant un conseil d'administration aux établissements hippiques de Suippes;

Vu le décret du 3 mars 1899, portant règlement sur le service du casernement;

Sur le rapport du Ministre de la guerre,

Décrète :

Art. 1er Il sera constitué aux établissements hippiques de Suippes une masse de casernement, qui fonctionnera dans les mêmes conditions que celle des corps de troupe.

Art. 2. Le Ministre de la guerre est chargé d'assurer l'exécution du présent décret.

Fait à Paris, le 18 mars 1901.

Emile LOUBET.

Par le Président de la République :
Le Ministre de la guerre,
Général L. ANDRÉ.

Circulaire relative à la limitation de l'emploi de la main-d'œuvre militaire pour les travaux que les corps de troupe sont appelés à faire effectuer sur les fonds des différentes masses.

Paris, le 6 juillet 1901.

L'attention du Ministre a été appelée sur l'abus fait par certains corps de troupe de l'emploi de la main-d'œuvre militaire pour les travaux qu'il y a lieu d'effectuer sur les fonds des différentes masses.

Non seulement on détourne de leur instruction militaire un trop grand nombre d'hommes appelés sous les drapeaux dans le but exclusif de recevoir l'instruction, dont ils auront besoin en cas de guerre, mais l'on crée une concurrence fâcheuse à la main-d'œuvre civile locale.

Tout en maintenant intégralement l'application des règlements en vigueur, il est rappelé aux chefs de corps que, conformément aux dispositions de la circulaire du 16 mars 1899 portant envoi du règlement du 3 mars précédent, toute latitude leur est laissée en ce qui concerne l'emploi d'ouvriers civils quand les ressources de la masse le permettent, afin de pouvoir ainsi, dans certains cas, éviter de distraire de leur service normal un trop grand nombre d'hommes de troupe.

Le Ministre rappelle en même temps les circulaires des 27 octobre 1891 et 16 avril 1894, au sujet de la réduction des non-valeurs dans les corps de troupe et de la surveillance à exercer à cet égard par les officiers généraux.

Il importe tout particulièrement que les chefs de corps tiennent la main à ce qu'aucun homme de troupe ne soit distrait de son service pour se livrer à un travail quelconque de réparations locatives ou mobilières en dehors de celles prévues par le règlement du 3 mars 1899 sur le service du casernement.

Circulaire relative à l'instruction technique pratique des officiers et adjudants de casernement.

Paris, le 30 juin 1902.

Le Ministre de la guerre à MM. les Généraux commandant les corps d'armée.

Mon cher Général,

Les officiers et adjudants chargés, dans chaque corps ou détachement, de la direction des travaux de réparation et d'entretien du casernement qui incombent aux corps de troupe, disposent, pour les guider dans l'exécution de ces travaux et le choix des matériaux à employer :

1° De l'instruction technique sur l'exécution des travaux de réparation et d'entretien du casernement par les corps occupants ;

2° De la série de prix et du cahier des charges spéciales du marché d'entretien de la place, mis à leur disposition par le service du génie.

Ces moyens d'instruction théorique ont besoin d'être complétés, au point de vue pratique, par des indications données sur place et dans lesquelles on s'attachera à apprendre aux officiers et adjudants de casernement à distinguer les travaux mal faits de ceux de même nature bien exécutés, à leur montrer les causes et les conséquences d'une mauvaise exécution ; à les renseigner, avec des échantillons en main, sur les bons et mauvais matériaux en usage dans la région, à les mettre en garde contre les malfaçons habituelles aux ouvriers, etc.

J'ai décidé que ces indications seraient données aux officiers et adjudants susvisés par le chef du génie ou l'un des officiers placés sous ses ordres au cours de visites faites dans le casernement et pendant lesquelles on passera successivement en revue les divers travaux effectués par le corps ou ceux de même nature que le service du génie ferait exécuter. Ces visites devront d'ailleurs, pour être plus profitables, comprendre les casernements des divers corps de la garnison, de façon à multiplier les exemples et à faire profiter l'officier de casernement d'un corps des bons résultats obtenus dans un corps voisin.

Les officiers et adjudants de casernement ayant ainsi leur attention appelée, pour chaque espèce de travail, sur les défauts à éviter et les qualités à rechercher, se rendront mieux compte des prescriptions de l'instruction technique du 3 mars 1899, qui deviendra ainsi pour eux un guide vraiment utile.

L'époque de ces visites sera arrêtée par vos soins, sur la proposition des directeurs du génie, et en tenant compte des nécessités spéciales du service des chefferies.

Exceptionnellement, des officiers de casernement pourront être appelés à ces visites dans une garnison voisine, si leur casernement n'offre pas d'exemple de certains travaux qu'ils pourraient avoir un jour à effectuer.

En Algérie et en Tunisie, les dispositions qui précèdent ne seront pas appliquées aux bataillons d'infanterie légère ni aux compagnies de discipline, en raison de leur fractionnement.

En dehors des visites réglementaires, les officiers et adjudants de casernement devront profiter de la présence des officiers et officiers d'administration du génie dans leur caserne, pour se procurer, sur les points qui les embarrasseraient, les renseignements techniques nécessaires. De leur côté, les officiers du génie, lorsqu'ils feront exécuter dans une caserne un travail qui leur paraîtra comporter un exemple particulièrement intéressant des travaux effectués par les corps, informeront de leur présence l'officier ou l'adjudant de casernement, pour appeler, le cas échéant, son attention sur les points susceptibles de l'intéresser.

Général L. ANDRÉ.

Circulaire relative au mode de bail de location applicable aux services de l'artillerie et du génie.

Paris, le 16 octobre 1902.

Dorénavant, le modèle de bail de location ci-après sera employé par les services de l'artillerie et du génie :

BAIL.

Entre les soussignés,

M , demeurant à , d'une part,

Et le (1) stipulant pour le compte de l'administration de la guerre, d'autre part, et autorisé, à cet effet, par décision ministérielle du (2),

---

(1) Pour l'artillerie, le conseil d'administration de l'établissement; pour le génie, le chef du génie.

(2) Pour le génie, ajouter : « Statuant sur le procès-verbal rapporté le par la commission de casernement de la place de ».

Il a été convenu ce qui suit :

Art. 1er. — M.   loue, à titre de bail à loyer avec la garantie de fait et de droit, à l'administration de la guerre pour laquelle accepte le   (1), un immeuble sis à   et désigné ci-après. (Désignation de la location.)

Art. 2. — Ce bail est fait pour une durée de   années (2), qui commencera à courir le   moyen-nant un loyer de   par an, payable à terme échu en mandat délivré par les soins de   avec fa-culté, pour le preneur, de résilier le présent bail à une époque quelconque de sa durée (3) en en prévenant, à cet effet, M.   six mois à l'avance.

Art. 3. — Les droits et les obligations des deux parties con-tractantes, relativement à la jouissance des locaux, aux dégra-dations, aux réparations, enfin tout ce qui n'est pas stipulé au présent acte, seront réglés conformément aux dispositions du Code civil (Livre III, titre VIII, Du contrat de louage ; cha-pitre II, Du louage des choses — art. 1713 et suivants.)

Art. 4. — A la prise de possession, il sera dressé contradic-toirement, par le bailleur et un représentant du service de   , un état des lieux qui, après reconnaissance par ledit représentant, sera signé par lui et le bailleur. Celui-ci s'engage, d'ailleurs, à exécuter, à ses frais, les travaux d'aménagement nécessaires à la nouvelle destination des locaux, travaux énu-mérés dans un état spécial annexé à l'état des lieux et qui le complétera (4).

Art. 5 (5). — Le bailleur déclare affranchir l'administra-tion de la guerre de toute responsabilité en cas d'incendie, prendre à sa charge tous les risques généralement quelcon-ques, risques locatifs et recours des voisins, et renoncer au bé-néfice des dispositions des articles 1733 et 1734 du Code civil. Pour garantir encore mieux les intérêts de l'Etat, le bailleur

---

(1) Le conseil d'administration de l'établissement ou le chef du génie.
(2) Trois, six ou neuf années (variante).
(3) A l'expiration de chacun des deux premiers ternaires, si le bail est fait pour trois, six ou neuf années.
(4) Indiquer ici. le cas échéant, les clauses particulières relatives à la remise de l'immeuble en fin de bail.
(5) Cet article ne vise que les immeubles bâtis; il est à supprimer dans les lots d'immeubles non bâtis.

s'oblige à faire couvrir ces risques par une police d'assurance, et à justifier chaque année du payement de la prime en produisant la quittance du terme échu.

Art. 6. — Toutes les impositions ou contributions, de quelque nature qu'elles soient, ainsi que la prime d'assurance contre l'incendie, toutes les charges locales, taxes ou autres, prévues ou non prévues, qui auraient rapport à la propriété, sont à la charge du bailleur, à l'exception de la contribution des portes et fenêtres. Pour celle-ci, les locaux affectés à un service public en étant exempts en vertu de l'article 5 de la loi du 4 frimaire an VII, le bailleur fera son affaire personnelle des démarches nécessaires pour s'en faire décharger totalement (ou partiellement); la part qui resterait à sa charge comme étant relative à la partie de l'immeuble affectée à usage de logement lui sera remboursée par l'occupant, conformément à l'article 12 de la loi du 4 frimaire an VII.

Art. 7. — Dispositions particulières concernant l'usage de l'immeuble loué (2).

Art. 8. — L'enregistrement du présent bail sera à la charge de   (3). Les frais de timbre sont à la charge du bailleur.

Art. 9. — Dans le cas où les sommes dûes au bailleur seraient frappées d'opposition ou de saisie-arrêt le versement de ces sommes à la Caisse des dépôts et consignations libérera définitivement l'administration.

Art. 10. — Toute facture ou pièce de dépense non produite dans le délai de quarante-cinq jours à compter de l'expiration du trimestre pendant lequel la dépense a été faite, donnera lieu, sans mise en demeure préalable, à l'imputation d'une somme de 50 centimes par 1.000 francs et par jour de retard.

L'administration de la guerre se réserve, d'ailleurs, le droit d'établir d'office et aux frais du bailleur le décompte de la créance, passé le délai susvisé.

---

(1) La partie entre parenthèses est relative au cas où l'immeuble pris en location renferme un logement. (Modifications du 22 juillet 1914, *B. O.*, p. 1347.)

(2) Destination générale de l'immeuble sans indiquer l'affectation des divers locaux, fourniture d'eau, récolte des herbages et des fruits.

(3) L'enregistrement est gratuit lorsqu'il est laissé, par le bail, à la charge de l'État.

Dans tous les cas, les titres de créance, qui ne seront pas produits dans un délai de six mois, seront frappés de déchéance par application du décret du 13 juin 1806.

Le présent acte ne sera valable et définitif qu'après avoir reçu l'approbation de M. le Ministre de la guerre ; il sera enregistré à la diligence de l'administration.

Fait en trois originaux, dont deux sur timbre et un sur papier libre (1).

A   , le   19

Le bailleur,   Le (2)

Circulaire relative aux réparations locatives à effectuer aux logements d'officiers situés dans les établissements des services administratifs et du service de santé.

Paris, le 15 février 1905.

Aux termes de l'article 97 (2°) du règlement du 3 mars 1899 sur le service du casernement, les travaux de réparation et d'entretien dans les logements d'officiers sont à la charge du service du génie, sauf en ce qui concerne les réparations locatives, lesquelles incombent aux occupants.

D'autre part, ce même article (5°) stipule que, dans les établissements des services administratifs et de santé, les réparations locatives sont effectuées sur les fonds de ces services par les soins des officiers d'administration gestionnaires.

Il peut dès lors y avoir indécision sur le mode de procéder pour l'exécution des réparations locatives dans les logements d'officiers faisant partie de ces derniers établissements, et il conviendra de se conformer, à cet égard, aux dispositions suivantes :

Les travaux à faire dans ces logements sont à poursuivre d'après les règles prévues pour les autres locaux des établissements dont ils font partie et, par suite, c'est aux officiers d'administration gestionnaires qu'il appartient d'y faire effectuer les réparations locatives qui sont au compte de l'Etat (budget du

---

(1) Les deux originaux timbrés sont destinés, l'un au bailleur, l'autre au chef de service; l'original sur papier libre est destiné au Ministre.

(2) Pour l'artillerie, les membres du conseil d'administration; pour le génie, le chef du génie.

service dont relève l'établissement), étant d'ailleurs bien entendu que toutes celles résultant de négligence, de faute de soin ou d'abus de jouissance sont à la charge de l'occupant.

Circulaire portant interdiction de faire coucher les gardes-magasins des compagnies dans les locaux où se trouvent les effets dont ils ont la surveillance.

Paris, le 8 février 1906.

Un accident mortel, récemment survenu, a appelé l'attention sur le danger que présente la pratique, suivie dans beaucoup de corps de troupe, de faire coucher les gardes-magasins des compagnies dans les magasins mêmes dont ils ont la surveillance.

En vue d'éviter le retour d'accidents de même nature, cette pratique, qui n'est d'ailleurs pas autorisée par les règlements en vigueur, doit être, à l'avenir, formellement proscrite.

Dans le cas où un magasin serait isolé du casernement et où, nonobstant les mesures qui auraient été prises pour assurer sa sécurité (barreaudage des fenêtres, serrures de sûreté, avertisseurs, etc.), le chef de corps jugerait nécessaire de le faire garder pendant la nuit, des propositions seraient à présenter, par la voie des états de prévisions N C², pour l'organisation d'une chambre de gardien dans son voisinage ; mais on ne devra, sous aucun prétexte, tolérer qu'un militaire couche dans le local même occupé par les effets.

Circulaire relative à l'utilisation par les corps de troupe, pour la confection d'armoires destinées à conserver le pain, des planches à pain devenues sans emploi.

Paris, le 15 février 1907.

Les planches à pain, qui font actuellement partie de l'ameublement réglementaire des chambres de troupe, ne répondent plus aux exigences de l'hygiène moderne, et la pratique s'est étendue, en ces dernières années, de conserver le pain dans des armoires confectionnées par les corps.

En vue de tirer parti des planches à pain devenues sans emploi, le Ministre décide que ces objets d'ameublement pourront être cédées gratuitement, par le service du génie, aux corps qui en feront la demande, pour être utilisés, par les ateliers de ces corps, dans la confection des armoires destinées à remplacer les planches à pain actuelles.

*Circulaire portant attribution d'un homme du service auxiliaire
à l'officier de casernement.*

Paris, le 15 janvier 1908.

Un homme du service auxiliaire sera mis à la disposition de chaque officier de casernement.

Il sera choisi de façon à pouvoir, autant que possible, être utilisé comme secrétaire et garde-magasin.

G. PICQUART.

Circulaire relative à la cession, aux corps de troupe, des tables de toilette actuellement en usage dans les chambres de sous-officiers.

Paris, le 18 avril 1908.

Aux termes de la circulaire du 25 mars 1907, portant envoi de l'instruction du même jour sur le service du couchage et de l'ameublement dans les troupes métropolitaines (*B. O.*, É. M., vol. n° 9), le mobilier de sous-officier non rengagé comprend, en remplacement de la table-toilette actuellement en usage, décrite dans l'instruction technique sur les travaux de réparation et d'entretien du casernement (*B. O.*, É. R., vol. 51 *bis*, p. 67), une table-toilette d'un modèle plus confortable, dont la description est donnée page 180 du volume n° 9 précité.

En vue de tirer parti des tables-toilettes ancien modèle qui deviendront disponibles, le Sous-Secrétaire d'Etat décide que ces objets d'ameublement pourront être cédés gratuitement, par le service du génie, aux corps qui en feront la demande, pour être utilisés dans la confection des tables-toilettes du nouveau modèle.

*Le Sous-Secrétaire d'Etat
au ministère de la guerre,*

Henry CHÉRON.

Chaine d'attache pour le pansage des chevaux.

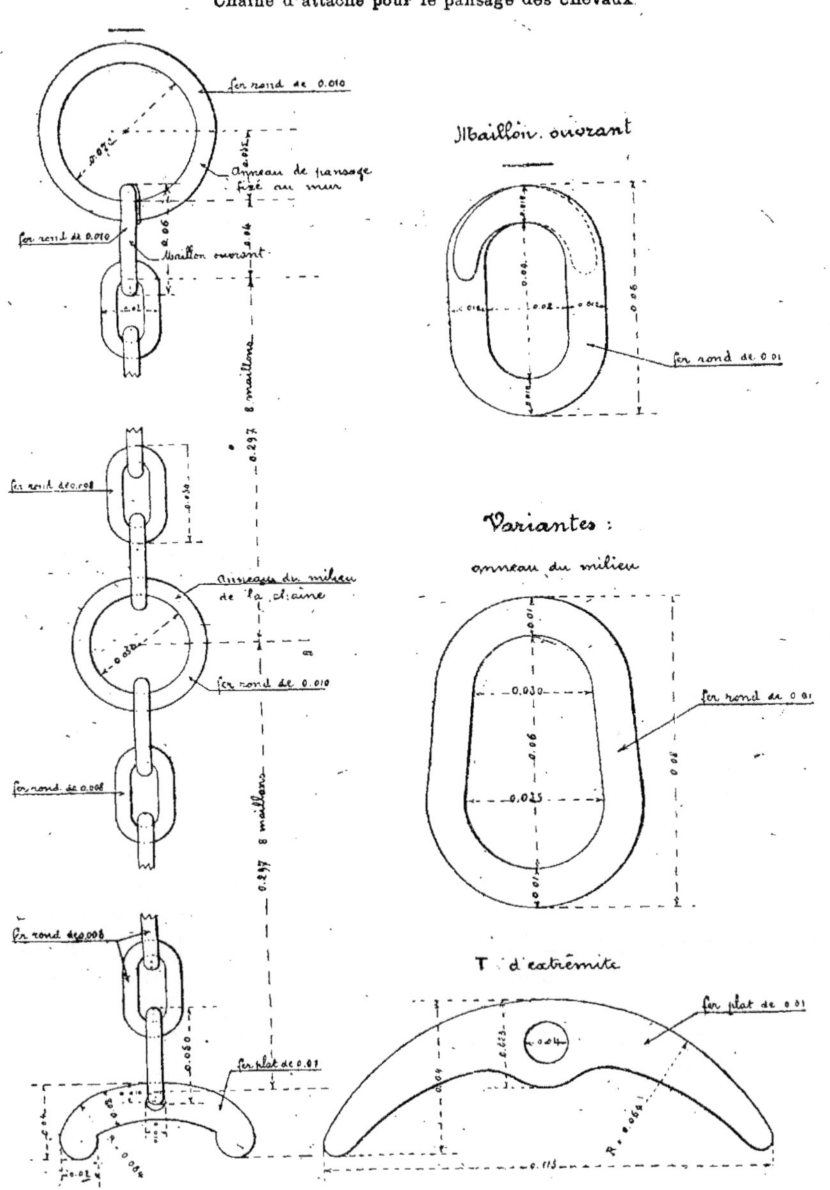

Circulaire relative au couchage des gardes d'écurie.

Paris, le 7 mai 1909.

Le service des gardes d'écurie est réglé, dans la cavalerie et dans l'artillerie, par le service intérieur spécial à chacune de ces armes.

D'autre part, des consignes particulières prescrivent que, pendant la nuit, un certain nombre de gardes doivent veiller pendant que les autres se reposent.

Toutefois, le règlement ne prévoit aucun moyen pour assurer le couchage de ceux qui ne sont pas de faction.

En réalité, ces hommes se couchent généralement dans une place de cheval s'il y en a de libre, ou dans une allée, sur un tas de paille. Ils s'y trouvent dans de mauvaises conditions hygiéniques, dans une atmosphère viciée ; ils sont, en outre, exposés à être piétinés par les chevaux détachés.

Pour remédier à ces inconvénients, le Sous-Secrétaire d'État a décidé qu'il serait établi dans les écuries, afin de permettre aux gardes de reposer quand ils ne sont pas de faction, des supports de couchage élevés de $0^m,80$ environ au-dessus du sol, composés d'un plancher presque jointif, sans saillies sur sa face supérieure, de 2 mètres de long sur $0^m,90$ environ de large, muni de rebords de $0^m,30$ de hauteur sur leur pourtour, sauf du côté des pieds. Ces coffres recevront chaque soir, en quantité suffisante, de la paille fraîche prélevée sur celle destinée à la litière du lendemain. L'absence du rebord à la partie postérieure facilitera l'accès de l'homme dans ces sortes de caisses.

Lorsqu'on trouvera dans l'écurie une place où il puisse rester sans gêner la circulation, le support de couchage y sera placé à demeure sur quatre pieds.

Dans le cas contraire, il sera articulé autour d'un axe permettant de le relever verticalement pendant le jour et de le rabattre pendant la nuit sur des consoles également mobiles. L'axe pourra être parallèle à la largeur ou à la longueur du lit, sans être d'ailleurs disposé sur le bord même, de façon que les rebords ne soient pas une gêne pour le relèvement.

Quel que soit le système adopté, le lit devra être démontable, de façon à pouvoir être facilement sorti de l'écurie, lavé, séché et, au besoin, désinfecté.

En raison de la diversité des écuries dans les différents quartiers, il n'est pas possible de fixer *a priori* l'emplacement à donner à ces lits. On recherchera, dans chaque cas particulier, les endroits où ils seront le moins encombrants et où les hommes y seront le mieux abrités des courants d'air. Au besoin on les protégera, du côté de la tête, par un paravent.

Les hommes, vêtus des effets spéciaux que le service intérieur permet de leur délivrer pour les protéger contre le froid,
coucheront dans ces lits, directement sur la paille, sans interpo-
sition d'enveloppe de paillasse ou de sac qui, recevant successivement un grand nombre d'hommes différents, pourrait de-
venir une cause de diffusion de maladies.

Les lits d'écurie seront fournis et posés par le service du
génie, après entente, en ce qui concerne l'emplacement à leur
donner, avec les chefs de corps. Ils seront entretenus et remplacés par les corps de troupe au compte de la masse de casernement. L'installation première sera d'ailleurs poursuivie au
titre des améliorations au casernement ; les propositions seront
portées aux états annuels de prévisions NC2 et réalisées successivement à leur degré d'urgence.

Il n'est pas donné de type pour ces lits dont les formes pourront varier avec les circonstances locales. Tout en les établis-
sant aussi économiquement que possible, on devra cependant
les constituer solidement. A titre de renseignement, les directeurs du génie devront adresser, directement à M. le général
inspecteur général technique des travaux de casernement, un
croquis faisant connaître les diverses dispositions qui auront
été réalisées dans l'étendue de leur direction, avec l'indication
de leurs prix de revient.

Le Sous-Secrétaire d'Etat
au ministère de la guerre,
Henry Chéron.

Solution d'une question concernant l'application de la circulaire
du 7 juin 1909, relative au couchage des gardes d'écurie.

Paris, le 6 août 1909.

La question s'est posée de savoir si les dispositions de la circulaire du 7 mai 1909 (voir page 107), relative au couchage des
gardes d'écurie dans les corps de troupe à cheval, sont applicables aux corps de troupe d'infanterie dans lesquels est assuré, de jour et de nuit, un service de garde pour la surveillance
des chevaux.

Cette question doit être résolue par l'affirmative.

Circulaire relative à l'emploi de chaînes d'attache pour le pansage des chevaux à l'extérieur des écuries.

Paris, le 10 décembre 1910.

Les expériences poursuivies depuis plusieurs années, dans différents corps de troupe, sur l'emploi de chaînes d'attache métalliques pour le pansage des chevaux hors des écuries, ont permis de constater les avantages du système.

L'usage de ce mode d'attache devra, en conséquence, être généralisé.

Les chaînes seront d'un type analogue au modèle représenté par le dessin annexé à la présente circulaire. Pour la longueur de la chaîne, on devra s'en tenir aux dimensions portées sur ce dessin ; pour les épaisseurs de métal, on ne devra pas descendre au-dessous des dimensions indiquées.

Les chaînes seront fixées aux murs au moyen d'anneaux scellés et de mailles ouvrant à froid. On ne devra pas faire usage de glissières Le métal (fer ou acier doux) ne sera ni étamé, ni galvanisé.

L'installation de ces chaînes devra être terminée dans un délai de deux ans à dater du 1er janvier 1911.

Les frais d'achat et de première installation seront supportés par le budget du génie. Les frais d'entretien et de remplacement seront au compte de la masse de harnachement.

MODÈLES.

CORPS D'ARMÉE
—

PLACE d

MODÈLE N° 1.
—

Articles 17 à 20 du règlement sur le service du casernement.

FORMAT : 0^m,325 $\times$ 0^m,215

ÉTAT DÉTAILLÉ

DE L'ASSIETTE DU CASERNEMENT.

Désigner l'établissement. } *Caserne VAUBAN.*

MIS A JOUR :

ANNÉES	DATES.	SIGNATURE du chef du génie.
1911		
1912		
1913		
1914		
1915		
1916		
1917		
1918		
1919		
1920		
1921		

Dressé à , le
Le Chef du génie,

APPROUVÉ, le 19 .
Par le Ministre de la guerre.
Le Chef du génie,

NOTA. — Sur le modèle commercial, le verso de ce feuillet est laissé en blanc.

BATIMENTS.	NUMÉROS DES LOCAUX.	AFFECTATION.	OFFICIERS.	TROUPE.						PLACES éventuelles.		CHEVAUX.	OBSERVATIONS.
				CONTENANCE normale.			CONTENANCE maxima.						
				Sous-officiers		Caporaux et soldats.	Sous-officiers		Caporaux et soldats.	Sous-officiers.	Caporaux et soldats.		
				logés seuls.	logés en commun		logés seuls.	logés en commun					
		Rez-de-chaussée.											
	1	Sous-officiers............	»	»	2	»	»	4	»	»	»	»	
	2	Id.	»	»	2	»	»	4	»	»	»	»	
	3	Adjudant...............	»	1	»	»	1	»	»	»	»	»	
	4	Lavabo................	»	»	»	»	»	»	»	»	»	»	
	5	Fourrier et bureau de compagnie............	»	1	»	»	1	»	»	»	»	»	
	6-8	Magasin de compagnie.	»	»	»	»	»	»	»	»	»	»	
	7	Sergent-major..........	»	1	»	»	1	»	»	»	»	»	
	9	Sous-officiers...........	»	»	2	»	»	4	»	»	»	»	
	10	Id.	»	»	2	»	»	4	»	»	»	»	
	11	Adjudant...............	»	1	»	»	1	»	»	»	»	»	
	12	Lavabo................	»	»	»	»	»	»	»	»	»	»	
	13	Fourrier et bureau de compagnie............	»	1	»	»	1	»	»	»	»	»	
	14-16	Magasin de compagnie..	»	»	»	»	»	»	»	»	»	»	
	15	Sergent-major..........	»	1	»	»	1	»	»	»	»	»	
a	17	Sous-officiers...........	»	»	2	»	»	4	»	»	»	»	
	18	Id.	»	»	2	»	»	4	»	»	»	»	
	19	Adjudant...............	»	1	»	»	1	»	»	»	»	»	
	20	Lavabo................	»	»	»	»	»	»	»	»	»	»	
	21	Fourrier et bureau de compagnie............	»	1	»	»	1	»	»	»	»	»	
	22-24	Magasin de compagnie..	»	»	»	»	»	»	»	»	»	»	
	23	Sergent-major..........	»	1	»	»	1	»	»	»	»	»	
	25	Sous-officiers...........	»	»	2	»	»	4	»	»	»	»	
	26	Id.	»	»	2	»	»	4	»	»	»	»	
	27	Adjudant...............	»	1	»	»	1	»	»	»	»	»	
	28	Lavabo................	»	»	»	»	»	»	»	»	»	»	
	29	Fourrier et bureau de compagnie............	»	1	»	»	1	»	»	»	»	»	
	30-32	Magasin de compagnie..	»	»	»	»	-»	»	»	»	»	»	
	31	Sergent-major..........	»	1	»	»	1	»	»	»	»	»	
	33	Tambour-major........	»	1	»	»	1	»	»	»	»	»	
	34	Fourrier..............	»	1	»	»	1	»	»	»	»	»	
	35	Vaguemestre..........	»	1	»	»	1	»	»	»	»	»	
	36	Lavabo................	»	»	»	»	»	»	»	»	»	»	
	37	Réfectoire............	»	»	»	»	»	»	28	»	»	»	
		A REPORTER......	»	15	16	»	15	32	28	»	»	»	

BATI-MENTS.	NUMÉROS DES LOCAUX.	AFFECTATION.	OFFICIERS.	TROUPE.								CHEVAUX.	OBSERVATIONS.
				CONTENANCE normale.			CONTENANCE maxima.			PLACES éventuelles.			
				Sous-officiers		Caporaux et soldats.	Sous-officiers		Caporaux et soldats.	Sous-officiers.	Caporaux et soldats.		
				logés seuls.	logés en commun		logés seuls.	logés en commun					
		REPORT........	»	15	16	»	15	32	28	»	»	»	
		1er étage.											
a (suite)	38	Chambre de troupe.....	»	»	»	20	»	»	28	»	»	»	
	39	Sous-officier rengagé...	»	1	»	»	»	2	»	»	»	»	
	40	Chambre de troupe.....	»	»	»	20	»	»	28	»	»	»	
	41	Id.	»	»	»	20	»	»	28	»	»	»	
	42	Sous-officier rengagé...	»	1	»	»	»	2	»	»	»	»	
	43	Chambre de troupe.....	»	»	»	20	»	»	28	»	»	»	
	44	Id.	»	»	»	20	»	»	28	»	»	»	
	45	Adjudant de bataillon..	»	1	»	»	1	»	»	»	»	»	
	46	Chambre de troupe.....	»	»	»	20	»	»	28	»	»	»	
	47	Id.	»	»	»	20	»	»	28	»	»	»	
	48	Sous-officier rengagé...	»	1	»	»	»	2	»	»	»	»	
	49	Chambre de troupe.....	»	»	»	20	»	»	28	»	»	»	
	50	Musiciens.............	»	»	»	20	»	»	28	»	»	»	
	51	Caporal sapeur.........	»	1	»	»	»	2	»	»	»	»	
	52	Sapeurs...............	»	»	»	10	»	»	14	»	»	»	
	53	Musiciens.............	»	»	»	10	»	»	14	»	»	»	
		2e étage.											
	54	Chambre de troupe.....	»	»	»	20	»	»	28	»	»	»	
	55	Id.	»	»	»	6	»	»	6	»	»	»	
	56	Id.	»	»	»	20	»	»	28	»	»	»	
	57	Id.	»	»	»	20	»	»	28	»	»	»	
	58	Id.	»	»	»	6	»	»	6	»	»	»	
	59	Id.	»	»	»	20	»	»	28	»	»	»	
	60	Id.	»	»	»	20	»	»	28	»	»	»	
	61	Id.	»	»	»	6	»	»	6	»	»	»	
	62	Id.	»	»	»	20	»	»	28	»	»	»	
	63	Id.	»	»	»	20	»	»	28	»	»	»	
	64	Id.	»	»	»	6	»	»	6	»	»	»	
	65	Id.	»	»	»	20	»	»	28	»	»	»	
	66	Id.	»	»	»	20	»	»	28	»	»	»	
	67	Sous-officiers.........	»	»	2	»	»	4	»	»	»	»	
	68	Salle de musique......	»	»	»	»	»	»	»	»	»	»	
		3e étage (combles).											
		Casernement éventuel.											
	69	Réfectoire.............	»	»	»	»	»	»	»	»	28	»	
	70	Sous-officiers.........	»	»	»	»	»	»	»	2	»	»	
		A REPORTER....	»	20	18	404	16	44	584	2	28	»	

| BATI-MENTS. | NUMÉROS DES LOCAUX. | AFFECTATION. | OFFICIERS. | TROUPE. | | | | | | | | CHEVAUX. | OBSERVATIONS. |
| | | | | CONTENANCE normale. | | | CONTENANCE maxima. | | | PLACES éventuelles. | | | |
				Sous-officiers logés seuls.	logés en commun.	Caporaux et soldats.	Sous-officiers logés seuls.	logés en commun.	Caporaux et soldats.	Sous-officiers.	Caporaux et soldats.		
		Report........	»	20	18	404	16	44	584	2	28	»	
a (suite).	71	Chambre de troupe......	»	»	»	»	»	»	»	»	28	»	
	72	Id.	»	»	»	»	»	»	»	»	28	»	
	73	Sous-officiers..........	»	»	»	»	»	»	»	2	»	»	
	74	Chambre de troupe.....	»	»	»	»	»	»	»	»	28	»	
	75	Id.	»	»	»	»	»	»	»	»	28	»	
	76	Horloge..............	»	»	»	»	»	»	»	»	»	»	
	77	Chambre de troupe.....	»	»	»	»	»	»	»	»	28	»	
	78	Id.	»	»	»	»	»	»	»	»	28	»	
	79	Sous-officiers..........	»	»	»	»	»	»	»	2	»	»	
	80	Chambre de troupe.....	»	»	»	»	»	»	»	»	28	»	
	81	Id.	»	»	»	»	»	»	»	»	28	»	
	82	Sous-officiers..........	»	»	»	»	»	»	»	2	»	»	
	83	Chambre de troupe......	»	»	»	»	»	»	»	»	28	»	
		Totaux........	»	20	18	404	16	44	584	8	280	»	
		Cantines pour 1 bataillon.	»	»	»	»	»	»	»	»	»	»	
		Cantines pour 3 bataillon^s	»	»	»	»	»	»	»	»	»	»	
		Rez-de-chaussée.											
d	1	Cuisine...............	»	»	»	»	»	»	»	»	»	»	
	2	Office	»	»	»	»	»	»	»	»	»	»	
	3	Cantine	»	»	»	»	»	»	»	»	»	»	
	4	Cantine.............	»	»	»	»	»	»	»	»	»	»	
	5	Cuisine.............	»	»	»	»	»	»	»	»	»	»	
	6	Lavoir.............	»	»	»	»	»	»	»	»	»	»	
	7	Cuisine.............	»	»	»	»	»	»	»	»	»	»	
	8	Lavoir.............	»	»	»	»	»	»	»	»	»	»	
	9	Cantine.............	»	»	»	»	»	»	»	»	»	»	
	10	Magasin aux légumes..	»	»	»	»	»	»	»	»	»	»	
	11	Commission des ordinaires...............	»	»	»	»	»	»	»	»	»	»	
	12	Epiceries et légumes...	»	»	»	»	»	»	»	»	»	»	
	13	Boucherie.............	»	»	»	»	»	»	»	»	»	»	
		1ᵉʳ étage.											
	14	Logement de cantinière.	»	»	»	»	»	»	»	»	»	»	
	15	Id.	»	»	»	»	»	»	»	»	»	»	
	16	Id.	»	»	»	»	»	»	»	»	»	»	
	17	Id.	»	»	»	»	»	»	»	»	»	»	
		A reporter....	»	»	»	»	»	»	»	»	»	»	

BATI-MENTS.	NUMÉROS DES LOCAUX.	AFFECTATION.	OFFICIERS.	TROUPE.								CHEVAUX.	OBSERVATIONS.
				CONTENANCE normale.			CONTENANCE maxima.			PLACES éventuelles.			
				Sous-officiers logés seuls.	logés en commun	Caporaux et soldats.	Sous-officiers logés seuls.	logés en commun	Caporaux et soldats.	Sous-officiers.	Caporaux et soldats.		
		REPORT.........	»	»	»	»	»	»	»	»	»	»	
		2ᵉ étage											
d (suite).	18	Logement de cantinière.	»	»	»	»	»	»	»	»	»	»	
	19	Id.	»	»	»	»	»	»	»	»	D	»	
	20	Id.	»	»	»	»	»	»	»	»	D	»	
	21	Id.	»	»	»	»	»	»	»	»	D	»	
		Écurie.											
w	1	Sellerie...............	»	»	»	»	»	»	»	»	D	»	
	2	Écuries	»	»	D	D	»	D	»	»	D	28	
	3	Magasin à fourrages....	»	»	D	»	»	D	»	»	»	»	
	4	Écurie-infirmerie.......	»	»	D	»	»	»	»	»	»	»	
u	»	Magasin à munitions...	»	»	»	»	»	»	»	»	»	»	
		TOTAL.........	»	»	»	»	»	»	»	»	»	28	

RÉCAPITULATION.

BATIMENTS.	AFFECTATION.	OFFICIERS.	TROUPE.						PLACES éventuelles.		CHEVAUX.	OBSERVATIONS.
			CONTENANCE normale.			CONTENANCE maxima.						
			Sous-officiers		Caporaux et soldats.	Sous-officiers		Caporaux et soldats.	S.-officiers	Caporaux et soldats.		
			logés seuls	logés en commun.		logés seuls	logés en commun.					
a	Troupe..................	»	20	18	404	15	45	584	8	280	»	
b	Id.	»	12	24	344	12	48	472	8	224	»	
c	Id.	»	12	24	344	12	48	472	8	224	»	
d	Cantine..................	»	»	»	»	»	»	»	»	»	»	
e	Pavillon d'entrée..........	»	1	»	»	»	»	»	»	»	»	
e'	Id.	»	2	»	»	»	»	»	»	»	»	
f	Locaux disciplinaires......	»	»	»	»	»	»	»	»	»	»	
f'	Id.	»	»	»	»	»	»	»	»	»	»	
g	Mess de sous-officiers......	»	»	»	»	»	»	»	»	»	»	
h	Latrines................	»	»	»	»	»	»	»	»	»	»	
h'	Id.	»	»	»	»	»	»	»	»	»	»	
i	Réfectoire..............	»	»	»	»	»	»	»	»	»	»	
i'	Id.	»	»	»	»	»	»	»	»	»	»	
j	Cuisine................	»	»	»	»	»	»	»	»	»	»	
j'	Id.	»	»	»	»	»	»	»	»	»	»	
k	Réfectoire..............	»	»	»	»	»	»	»	»	»	»	
l	Latrines................	»	»	»	»	»	»	»	»	»	»	
l'	Id.	»	»	»	»	»	»	»	»	»	»	
m	Hangar aux voitures.......	»	»	»	»	»	»	»	»	»	»	
n	Lavoir.................	»	»	»	»	»	»	»	»	»	»	
o	Séchoir................	»	»	»	»	»	»	»	»	»	»	
p	Tir réduit..............	»	»	»	»	»	»	»	»	»	»	
q	Cuisine................	»	»	»	»	»	»	»	»	»	»	
r	Réfectoire..............	»	»	»	»	»	»	»	»	»	»	
s	Lavoir.................	»	»	»	»	»	»	»	»	»	»	
t	Séchoir................	»	»	»	»	»	»	»	»	»	»	
u	Magasin aux munitions....	»	»	»	»	»	»	»	»	»	»	
v	Cour aux fumiers.........	»	»	»	»	»	»	»	»	»	»	
w	Ecuries................	»	»	»	»	»	»	»	»	»	»	28	
x	Ateliers et magasins.......	»	»	»	»	»	»	»	»	»	»	
y	Hangar aux manœuvres...	»	»	»	»	»	»	»	»	»	»	
z	Infirmerie..............	»	»	»	»	»	»	»	»	»	»	
	TOTAL.............	»	47	66	1.092	39	141	1.528	24	728	28	
	Occupation :											
	• régiment d'infanterie : 2 bataillons, section hors rang, petit état-major....	»	16	42	856	12	46	974	18	616	21	
	Artillerie : 1 compagnie d'ouvriers..................	»	3	12	138	2	13	150	2	28	3	
	25 secrétaires d'état-major..	»	1	»	24	1	»	24	»	»	»	
	Chevaux d'offic. sans troupe	»	»	»	»	»	»	»	»	»	4	
	Locaux non affectés........	»	27	12	74	24	82	380	4	84	»	
	TOTAL ÉGAL..........	»	47	66	1.092	39	141	1.528	24	728	28	

<table>
<tr><td>

ᵉCORPS D'ARMÉE.

—

Place d

</td><td>

MODÈLE Nº 1.

—

Articles 17 à 20 du règle-
ment sur le service du
casernement.

Format : 0ᵐ,325 × 0ᵐ,215

</td></tr>
</table>

ÉTAT DÉTAILLÉ

DE L'ASSIETTE DU CASERNEMENT.

Désigner
l'établissement. } *Conseil de guerre J*
et Prison militaire 1.

MIS À JOUR :

ANNÉES	DATES.	SIGNATURE du chef du génie.
1912		
1913		
1914		
1915		
1916		
1917		
1918		
1919		
1920		
1921		

Dressé à , le
Le Chef du génie,

Approuvé, le 19 .
Par le Ministre de la guerre.
Le Chef du génie,

Nota. — Sur le modèle commercial, le verso de ce feuillet est laissé en blanc.

BATIMENTS.	NUMÉROS DES LOCAUX.	AFFECTATION.	OFFICIERS.	SOUS-OFFICIERS ET SOLDATS.	OBSERVATIONS.
		Rez-de-chaussée.			
	1	Vestibule	»	»	
	2	Surveillant...................	»	»	
	3	1 prévenu	»	1	
	4	1 id.	»	1	
	5	1 id.	»	1	
	6	Lavabo.......................	»	»	
	8	1 prévenu	»	1	
	9	3 condamnés attendant	»	3	
	10	Magasin d'habillement.....	»	»	
	11	3 condamnés attendant....	»	3	
	12	1 id.	»	1	
	13	1 id.	»	1	
	14	1 id.	»	1	
	15	1 condamné à mort........	»	1	
a	16	1 condamné	»	1	
	17	1 id.	»	1	
	18	1 id.	»	1	
	19	1 id:	»	1	
	20	1 id.	»	1	
	21				
	22	Lavabo.......................	»	»	
	23	Latrines Goux.	»	»	
	24	Officier.....................	1	»	
	25	Id.	1	»	
	26	1 condamné	»	1	
	27	1 id.	»	1	
	28	1 id.	»	1	
	29	Sacristie....................	»	»	
	30	Chapelle.....................	»	»	
	1	Corps de garde	»	»	
b	2	Geôle........................	»	»	
	3	Greffe	»	»	
	4	Parloir......................	»	»	
	1	Cuisine (1 fourneau et 2 marmites de 50 litres)........	»	»	
c	2	Magasin aux vivres........	»	»	
	3	Salle de police des agents..	»	»	
	1 2	Logement du concierge du conseil de guerre........	»	»	
	3 4	Logement de surveillant...	»	»	
d	5 6	Id. ...	»	»	
	7 8	Id. ...	»	»	
	9	Latrines Goux.............	»	»	
	10	Id.	»	»	
		A REPORTER.....	2	22	

BATIMENTS.	NUMÉROS DES LOCAUX.	AFFECTATION.	OFFICIERS.	SOUS-OFFICIERS ET SOLDATS.	OBSERVATIONS.
		REPORT.....	2	22	
e	1	Salle d'audience............	»	»	
	2	Salle des délibérations.....	»	»	
	3	Latrines...................	»	»	
	4	Salle d'attente des prévenus.	»	»	
	5	Salle d'attente des témoins.	»	»	
f	1	Latrines des préaux.......	»	»	
g	1	Latrines du conseil de guerre	»	»	
h	1	Buanderie du personnel de la prison...................	»	»	
		TOTAUX.....	2	22	
		1er *étage.*			
	31	Magasin..................	»	»	
	32	Id.	»	»	
	33	Atelier..................	»	»	
	34	1 condamné..............	»	1	
	35	1 id.	»	1	
	36	1 id.	»	1	
	37	1 id.	»	1	
	38	16 condamnés.............	»	16	
	39	Magasin..................	»	»	
	41	1 condamné..............	»	1	
	42	1 id.	»	1	
	43	1 id.	»	1	
a	44	1 id.	»	1	
	45	1 id.	»	1	
	46	1 id.	»	1	
	47	Salle de visite et pharmacie.	»	»	
	48	Gardien de l'infirmerie.....	»	»	
	49	Salle de bains............	»	»	
	50	Tisanerie.................	»	»	
	51	Douches..................	»	»	
	53	16 prévenus	»	16	
	54	2 prévenus malades......	»	»	
	55	1 condamné malade.......	»	»	
	56	2 condamnés malades....	»	»	
	11				
	12				
	13	Logement de l'agent principal.............	»	»	
	13 bis				
	14				
	15	Conseil d'administration ...	»	»	
d	16	Archives.................	»	»	
	17				
	18	Logement de l'adjudant greffier	»	»	
	19				
	20				
	21	Latrines Goux............	»	»	
	22	Id.	»	»	
		A REPORTER.....	2	64	

BATIMENTS.	NUMÉROS DES LOCAUX.	AFFECTATION.	OFFICIERS.	SOUS-OFFICIERS ET SOLDATS.	OBSERVATIONS.
		REPORT.....	2	64	
	6	Substitut du rapporteur ...	»	»	
	7	Rapporteur.................	»	»	
	8	Commissaire du gouverne-ment	»	»	
	9	Archives...................	»	»	
	10	Disponible (Défenseurs)....	»	»	
e	11	Appariteur	»	»	
	12	Commis-greffiers...........	»	»	
	13	Substitut du commissaire du gouvernement........	»	»	
	14	Greffier...................	»	»	
	15	Salle d'attente des prévenus.	»	»	
		TOTAUX.....	2	64	

RÉCAPITULATION.

BATIMENTS.	AFFECTATION.	OFFICIERS.	SOUS-OFFICIERS ET SOLDATS.	OBSERVATIONS.
a	Surveillant, prévenus, con-damnés, sacristie, cha-pelle, latrines Goux......	2	64	
b	Geôle, corps de garde, greffe, parloir.................	»	»	
c	Cuisine, salle de police des agents.................	»	»	
d	Logement de surveillant...	»	»	
e	Conseil de guerre..........	»	»	
f	Latrines Goux.............	»	»	
g	Id.	»	»	
h	Buanderie.................	»	»	
	TOTAL.....	2	64	

ᵉCORPS D'ARMÉE.

PLACE d

MODÈLE Nᵒ 1.

Articles 17 à 20 du règle
ment sur le service du
casernement.

FORMAT : 0ᵐ,325 × 0ᵐ,215.

ÉTAT DÉTAILLÉ
DE L'ASSIETTE DU CASERNEMENT.

Désigner
l'établissement. } *Manutention N.*

MISE A JOUR :

ANNÉES	DATES.	SIGNATURE du chef du génie.
1912		
1913		
1914		
1915		
1916		
1917		
1918		
1919		
1920		
1921		

Dressé à   , le
Le Chef du génie,

APPROUVÉ, le   19
Par le Ministre de la guerre.
Le Chef du génie,

NOTA. — Sur le modèle commercial, le verso de ce feuillet est laissé en blanc.

BÂTIMENTS.	NUMÉROS DES LOCAUX.	AFFECTATION.	CHARGE MAXIMUM PAR MÈTRE CARRÉ.	CONTENANCE EN :									OBSERVATIONS.
				MILLIERS DE RATIONS.						FOURS.		HECTO-LITRES	
				Vivres-pain.	Conserves.	Petits vivres.	Avoine ou orge.	Foin ou paille.		Nombre de fours.	Capacité par four en rations.	Liquides.	
			kil.										
		Caves.											
	1	Vivres de campagne, conserves.........	»	»	»	»	»	»	»	»	»	»	150	130 hect. vin; 20 hect. eau-de-vie.
	2	Caves du concierge..	»	»	»	»	»	»	»	»	»	»	»	
		Rez-de-chaussée.											
	3	Caisses vides........	»	»	»	»	»	»	»	»	»	»	»	
	4	Filtres.............	»	»	»	»	»	»	»	»	»	»	»	(1) Étagères pour u rations.
	5	Paneterie (1)........	»	»	»	»	»	»	»	»	»	»	»	
	5 bis	Machine à vapeur...	»	»	»	»	»	»	»	»	»	»	»	
	6	Fours.............	»	»	»	»	»	»	»	3	300	»		
	7	Id.	»	»	»	»	»	»	»	3	300	»		
	8	Paneterie (2)........	»	»	»	»	»	»	»	»	»	»	»	(2) Étagères pour u rations.
a	9	Escalier	»	»	»	»	»	»	»	»	»	»	»	
	10	Concierge...........	»	»	»	»	»	»	»	»	»	»	»	
	11	Id.	»	»	»	»	»	»	»	»	»	»	»	
		1er étage.											
	12	Bureau.............	»	»	»	»	»	»	»	»	»	»	»	
	13	Sucre et café.......	800	»	»	»	»	»	»	»	»	»	»	
	14	Farines.............	700	125	»	»	»	»	»	»	»	»	»	
	15	Magasin aux farines.	800	75	»	»	»	»	»	»	»	»	»	
	16	Escalier	»	»	»	»	»	»	»	»	»	»	»	
	17	Concierge...........	»	»	»	»	»	»	»	»	»	»	»	
	17 bis	Id.	»	»	»	»	»	»	»	»	»	»	»	
		2e étage.											
	18	Sacherie............	»	»	»	»	»	»	»	»	»	»	»	
	19	Magasin aux farines.	600	50	»	»	»	»	»	»	»	»	»	
	20	Id.	600	100	»	»	»	»	»	»	»	»	»	
	21	Id.	600	50	»	»	»	»	»	»	»	»	»	
	22	Mobilier............	»	»	»	»	»	»	»	»	»	»	»	
	23	Id.	»	»	»	»	»	»	»	»	»	»	»	
		3e étage.											
	24	Magasin aux farines.	600	100	»	»	»	»	»	»	»	»	»	
		TOTAUX.......	»	500	»	»	»	»	»	»	6	600	150	

RÉCAPITULATION

BÂTIMENTS.	AFFECTATION.	CHARGE MAXIMUM PAR MÈTRE CARRÉ.	CONTENANCE EN :						FOURS.		HECTOLITRES	OBSERVATIONS.
			MILLIERS DE RATIONS.									
			Vivres-pain.	Conserves.	Petits vivres.	Avoine ou orge.	Foin ou paille.		Nombre de fours.	Capacité par four en rations.	Liquides.	
a	Fours, paneterie, magasins aux farines, conserves, petits vivres..	»	500	»	»	»	»	»	»	6	600	150 (1)	(1) 130 hect. vin; 20 hect. eau-de-vie.
b	Logement et bureau de l'officier d'administration.	»	»	»	»	»	»	»	»	»	»	»	
c	Magasin à torréfier le café, hangar au bois et au charbon, ateliers, pompe et laverie.	»	»	»	»	»	»	»	»	»	»	»	
d	Braiserie.	»	»	»	»	»	»	»	»	»	»	»	
e	Latrines.	»	»	»	»	»	»	»	»	»	»	»	
	TOTAUX.	»	500	»	»	»	»	»	»	6	600	150	

•CORPS D'ARMÉE.

PLACE d

MODÈLE Nº 1.

Articles 17 à 20 du règlement sur le service du casernement.

FORMAT : 0ᵐ,32×50ᵐ,215.

ÉTAT DÉTAILLÉ

DE L'ASSIETTE DU CASERNEMENT.

Désigner l'établissement. } *Magasins des Lits militaires N.*

MIS A JOUR :

ANNÉES	DATES.	SIGNATURE du chef du génie.
1912		
1913		
1914		
1915		
1916		
1917		
1918		
1919		
1920		
1921		

Dressé à , le
Le Chef du génie,

APPROUVÉ, le 19
Par le Ministre de la guerre.
Le Chef du génie,

NOTA. — Sur le modèle commercial, le verso de ce feuillet est laissé en blanc.

BÂTIMENTS.	NUMÉROS DES LOCAUX.	AFFECTATION.	CHARGE MAXIMUM PAR MÈTRE CARRÉ.	CONTENANCE.	OBSERVATIONS.
			kilog.		
		Rez-de-chaussée.			
	1 à 5	Logement de concierge .	»		
	6	Cabinet de débarras....	»		
	7	Latrines................	»		
	8	—	»		
	9	Vestibule	»		
	10	Ateliers	»		
	11	—	»		
	12	—	»		
a	13	—	»		
	14	Bureaux	»		
	15	—	»		
	16	—	»		
		1er étage.			
	17	Escalier...............	»		
	18 à 27	Logement du préposé...	»		
		Rez-de-chaussée.			
	1 à 20	Paille, châlits, draps ...	»		
		Couvertures	»		
		1er étage.		Fournitures complètes de soldat...... 4.000	
b	21	Matelas, traversins, pail-lasses	300	Demi-fournitures 500 Draps............ 20.000	
	37	Matelas, traversins, pail-lasses	250		
		Rez-de-chaussée.			
	1 à 4	Buanderie, séchoir, linge sale et débarras	»		
c		*1er étage.*			
	5 à 8	Greniers...............	150	Débarras, caisses vides, etc.	
		TOTAL.........		4.000 fournitures com-plètes de soldat. 500 demi-fournitures. 20.000 draps.	

·CORPS D'ARMÉE.

PLACE d

MODÈLE N° 1.

Articles 17 à 20 du règlement sur le service du casernement.

FORMAT 0^m,325 × 0^m,215

ÉTAT DÉTAILLÉ
DE L'ASSIETTE DU CASERNEMENT.

Désigner l'établissement. { *Hôpital militaire Q du Grand-Commun*

MISE A JOUR :

Dressé, le
Le Chef du génie,

ANNÉES	DATES.	SIGNATURE du chef du génie.
1912		
1913		
1914		
1915		
1916		
1917		
1918		
1919		
1920		
1921		

APPROUVÉ, le   19
Par le Ministre de la guerre.
Le Chef du génie

NOTA. — Sur le modèle commercial, le verso de ce feuillet est laissé en blanc.

BATIMENTS.	NUMÉROS DES LOCAUX.	AFFECTATION.	MALADES. OFFICIERS.	MALADES. SOUS-OFFICIERS.	MALADES. CAPORAUX ET SOLDATS.	TROUPE. OFFICIERS.	TROUPE. CONTENANCE normale. Sous-officiers logés seuls.	TROUPE. CONTENANCE normale. Sous-officiers logés en commun	TROUPE. CONTENANCE normale. Caporaux et soldats.	TROUPE. CONTENANCE maxima. Sous-officiers logés seuls.	TROUPE. CONTENANCE maxima. Sous-officiers logés en commun	TROUPE. CONTENANCE maxima. Caporaux et soldats.	PLACES éventuelles Sous-officiers.	PLACES éventuelles Caporaux et soldats.	CHEVAUX.	OBSERVATIONS
		Rez-de-chaussée.														
	1	Logement du concierge	»	»	»	»	1	»	»	1	»	»	»	»	»	»
	2	Id.	»	»	»	»	»	»	»	»	»	»	»	»	»	»
	3	Médecin de garde.....	»	»	»	»	»	»	»	»	»	»	»	»	»	»
	4	Cabinet du médecin chef...............	»	»	»	»	»	»	»	»	»	»	»	»	»	»
	5	Salle des conférences..	»	»	»	»	»	»	»	»	»	»	»	»	»	»
	5 *bis*	Secrétaires	»	»	»	»	»	»	»	»	»	»	»	»	»	»
	6	Magasin de la pharmacie..................	»	»	»	»	»	»	»	»	»	»	»	»	»	»
	7	Magasin de la pharmacie..................	»	»	»	»	»	»	»	»	»	»	»	»	»	»
	8	Tisanerie..............	»	»	»	»	»	»	»	»	»	»	»	»	»	»
	9	Pharmacie.............	»	»	»	»	»	»	»	»	»	»	»	»	»	»
	10	Id.	»	»	»	»	»	»	»	»	»	»	»	»	»	»
	11	Chapelle..............	»	»	»	»	»	»	»	»	»	»	»	»	»	»
	11 *bis*	Id.	»	»	»	»	»	»	»	»	»	»	»	»	»	»
a	12	Magasin du mobilier et garde-magasin......	»	»	»	»	1	»	»	1	»	»	»	»	»	»
	13	Filtres................	»	»	»	»	»	»	»	»	»	»	»	»	»	»
	14	Atelier de couture....	»	»	»	»	»	»	»	»	»	»	»	»	»	»
	15	Lingerie..............	»	»	»	»	»	»	»	»	»	»	»	»	»	»
	16	Magasin ustensiles et magasin des effets de laine................	»	»	»	»	»	»	»	»	»	»	»	»	»	»
	17	Matériel sanitaire de mobilisation........	»	»	»	»	»	»	»	»	»	»	»	»	»	»
	18	Salle de police........	»	»	»	»	»	»	»	»	»	»	»	»	»	»
	19	Magasin du linge sale.	»	»	»	»	»	»	»	»	»	»	»	»	»	»
	20	Bureau de la comptabilité et des finances.	»	»	»	»	»	»	»	»	»	»	»	»	»	»
	21	Bureau de la comptabilité et des matières.	»	»	»	»	»	»	»	»	»	»	»	»	»	»
	22	Atelier de pliage......	»	»	»	»	»	»	»	»	»	»	»	»	»	»
	23	Promenoir couvert....	»	»	»	»	»	»	»	»	»	»	»	»	»	»
	24	Salle de désinfection..	»	»	»	»	»	»	»	»	»	»	»	»	»	»
	25	Étuve à désinfection..	»	»	»	»	»	»	»	»	»	»	»	»	»	»
	26	Salle de bains officiers..	»	»	»	»	»	»	»	»	»	»	»	»	»	»
		À REPORTER....	»	»	»	»	2	»	»	2	»	»	»	»	»	»

Bâtiments	Numéros des locaux	Affectation	Malades — Officiers	Malades — Sous-officiers	Malades — Caporaux et soldats	Troupe — Officiers	Contenance normale — Sous-officiers logés seuls	Contenance normale — Sous-officiers logés en commun	Contenance normale — Caporaux et soldats	Contenance maxima — Sous-officiers logés seuls	Contenance maxima — Sous-officiers logés en commun	Contenance maxima — Caporaux et soldats	Places éventuelles — Sous-officiers	Places éventuelles — Caporaux et soldats	Chevaux	Observations
		REPORT.......	»	»	»	»	2	»	»	2	»	»	»	»	»	»
	27	Filtres...............	»	»	»	»	»	»	»	»	»	»	»	»	»	»
	28	Atelier...............	»	»	»	»	»	»	»	»	»	»	»	»	»	»
	29	Réservoir bains.......	»	»	»	»	»	»	»	»	»	»	»	»	»	»
	30	Bains simples des soldats............	»	»	»	»	»	»	»	»	»	»	»	»	»	»
	31	Bains médicamenteux.	»	»	»	»	»	»	»	»	»	»	»	»	»	»
	32	Lavabos............	»	»	»	»	»	»	»	»	»	»	»	»	»	»
	33	Bains sulfureux. Officiers............	»	»	»	»	»	»	»	»	»	»	»	»	»	»
a (Suite)	34	Douches, bains dè'vapeur............	»	»	»	»	»	»	»	»	»	»	»	»	»	»
	35	Cuisine............	»	»	»	»	»	»	»	»	»	»	»	»	»	»
	36	Rôtisserie	»	»	»	»	»	»	»	»	»	»	»	»	»	»
	37	Laverie............	»	»	»	»	»	»	»	»	»	»	»	»	»	»
	38	Latrines............	»	»	»	»	»	»	»	»	»	»	»	»	»	»
	39	Dépense............	»	»	»	»	»	»	»	»	»	»	»	»	»	»
	40	Bureau............	»	»	»	»	»	»	»	»	»	»	»	»	»	»
	41	Magasin de la dépense.	»	»	»	»	»	»	»	»	»	»	»	»	»	»
	42, 43, 44	Réfectoires des infirmiers............	»	»	»	»	»	»	»	»	»	»	»	»	»	»
	45	Boucherie............	»	»	»	»	»	»	»	»	»	»	»	»	»	»
	46	Magasin............	»	»	»	»	»	»	»	»	»	»	»	»	»	»
	46 bis	Dépendance de la dépense............	»	»	»	»	»	»	»	»	»	»	»	»	»	»
	47	Magasin des sœurs...	»	»	»	»	»	»	»	»	»	»	»	»	»	»
	48	Vestiaire et magasin aux sacs............	»	»	»	»	»	»	»	»	»	»	»	»	»	»
	49	Bureau des entrées...	»	»	»	»	»	»	»	»	»	»	»	»	»	»
	50 et 50 bis	Corps de garde.......	»	»	»	»	»	»	»	»	»	»	»	»	»	»
		1er étage.														
	62	Salle de malades.....	»	4	»	»	»	»	»	»	»	»	»	»	»	»
	62 bis	Id.	»	6	»	»	»	»	»	»	»	»	»	»	»	»
	63	Id.	»	5	»	»	»	»	»	»	»	»	»	»	»	»
	64	Id.	»	»	7	»	»	»	»	»	»	»	»	»	»	»
	65	Id.	»	»	9	»	»	»	»	»	»	»	»	»	»	»
		A REPORTER....	»	15	16	»	2	»	»	2	»	»	»	»	»	»

BATIMENTS.	NUMÉROS DES LOCAUX.	AFFECTATION.	MALADES. Officiers.	MALADES. Sous-officiers.	MALADES. Caporaux et soldats.	TROUPE. Officiers.	Contenance normale. Sous-officiers logés seuls.	Contenance normale. logés en commun.	Contenance normale. Caporaux et soldats.	Contenance maxima. Sous-officiers logés seuls.	Contenance maxima. logés en commun.	Contenance maxima. Caporaux et soldats.	Places éventuelles. Sous-officiers.	Places éventuelles. Caporaux et soldats.	CHEVAUX.	OBSERVATIONS.
		REPORT........	»	15	16	»	2	»	»	2	»	»	»	»	»	
	66	Cabinet des sœurs....	»	»	»	»	»	»	»	»	»	»	»	»	»	
	67	Salle de malades......	»	»	4	»	»	»	»	»	»	»	»	»	»	
	68	Couloir.............	»	»	»	»	»	»	»	»	»	»	»	»	»	
	68 *bis*	Infirmier-major.......	»	»	»	»	1	»	»	1	»	»	»	»	»	
	69	Latrines............	»	»	»	»	»	»	»	»	»	»	»	»	»	
	70															
	71															
	72															
	73															
a Suite	74, 74 *bis*	Communauté des sœurs.............	»	»	»	»	»	»	»	»	»	»	»	»	»	
	75															
	76															
	77															
	78															
	79	Salle de malades......	»	»	2	»	»	»	»	»	»	»	»	»	»	
	80	Id.	»	»	7	»	»	»	»	»	»	»	»	»	»	
	81	Bureau de l'officier comptable.........	»	»	»	»	»	»	»	»	»	»	»	»	»	
	82 et 82 *bis*	Cabinets d'archives...	»	»	»	»	»	»	»	»	»	»	»	»	»	
	83															
	84															
	85															
	86															
	87, 88	Logement de l'officier comptable.........	»	»	»	1	»	»	»	»	»	»	»	»	»	
	89															
	90															
	91															
	92	Salle de malades......	»	»	7	»	»	»	»	»	»	»	»	»	»	
	92 *bis*	Id.	»	»	2	»	»	»	»	»	»	»	»	»	»	
	93	Couloir.............	»	»	»	»	»	»	»	»	»	»	»	»	»	
	94	Latrines............	»	»	»	»	»	»	»	»	»	»	»	»	»	
	95 et 95 *bis*	Salle de malades......	»	»	20	»	»	»	»	»	»	»	»	»	»	
	95 *ter*	Id.	»	»	4	»	»	»	»	»	»	»	»	»	»	
	96 et 96 *bis*	Id.	»	»	9	»	»	»	»	»	»	»	»	»	»	
		A REPORTER....	»	15	71	1	3	»	»	3	»	»	»	»	»	

BATIMENTS.	NUMÉROS DES LOCAUX.	AFFECTATION.	MALADES.			TROUPE.										OBSERVATIONS.
							CONTENANCE normale.			CONTENANCE maxima.			PLACES éventuelles			
			OFFICIERS.	SOUS-OFFICIERS.	CAPORAUX ET SOLDATS.	OFFICIERS.	Sous-officiers logés seuls.	Sous-officiers logés en commun.	Caporaux et soldats.	Sous-officiers logés seuls.	Sous-officiers logés en commun.	Caporaux et soldats.	Sous-officiers.	Caporaux et soldats.	CHEVAUX.	
		REPORT........	»	15	71	1	3	»	»	3	»	»	»	»	»	
	97	Cabinet des sœurs....	»	»	»	»	»	»	»	»	»	»	»	»	»	
	98	Lavabos.............	»	»	»	»	»	»	»	»	»	»	»	»	»	
	99	Latrines.............	»	»	»	»	»	»	»	»	»	»	»	»	»	
	100	Salle d'attente et infirmiers de visite......	»	»	»	»	»	»	»	»	»	»	»	»	»	
	100 *bis*	Salle de malades......	»	»	5	»	»	»	»	»	»	»	»	»	»	
	101	Salle d'opérations.....	»	»	»	»	»	»	»	»	»	»	»	»	»	
	102	Salle de malades......	»	»	4	»	»	»	»	»	»	»	»	»	»	
	103	Cabinet d'ustensiles...	»	»	»	»	»	»	»	»	»	»	»	»	»	
	104	Infirmier-major.......	»	»	»	»	»	»	»	»	»	»	»	»	»	
	105	Salle de malades......	»	»	12	»	»	»	»	»	»	»	»	»	»	
	105 *bis*	Id.	»	»	6	»	»	»	»	»	»	»	»	»	»	
	106	Id.	»	»	12	»	»	»	»	»	»	»	»	»	»	
	107	Id.	»	»	3	»	»	»	»	»	»	»	»	»	»	
	108	Id.	»	»	1	»	»	»	»	»	»	»	»	»	»	
	109	Id.	»	»	5	»	»	»	»	»	»	»	»	»	»	
	109 *bis*	Id.	»	»	5	»	»	»	»	»	»	»	»	»	»	
a Suite	110	Id.	»	»	5	»	»	»	»	»	»	»	»	»	»	
	111	Cabinet du médecin...	»	»	»	»	»	»	»	»	»	»	»	»	»	
	112	Infirmier de visite....	»	»	»	»	»	»	»	»	»	»	»	»	»	
	113	Couloir..............	»	»	»	»	»	»	»	»	»	»	»	»	»	
	114	Latrines.............	»	»	»	»	»	»	»	»	»	»	»	»	»	
		2e étage.															
	115	Salle de malades......	»	»	6	»	»	»	»	»	»	»	»	»	»	
	115 *bis*	Id.	»	»	4	»	»	»	»	»	»	»	»	»	»	
	116	Id.	»	»	5	»	»	»	»	»	»	»	»	»	»	
	117	Infirmier-major.......	»	»	»	»	1	»	»	1	»	»	»	»	»	
	118	Salle de malades......	»	»	7	»	»	»	»	»	»	»	»	»	»	
	119	Id.	»	»	9	»	»	»	»	»	»	»	»	»	»	
	120	Cabinet de la sœur...	»	»	»	»	»	»	»	»	»	»	»	»	»	
	121	Salle de malades......	»	»	4	»	»	»	»	»	»	»	»	»	»	
	122	Id.	»	»	4	»	»	»	»	»	»	»	»	»	»	
	123	Latrines.............	»	»	»	»	»	»	»	»	»	»	»	»	»	
	123 *bis*	Lavabo couloir........	»	»	»	»	»	»	»	»	»	»	»	»	»	
	124	Infirmier de visite....	»	»	»	»	»	»	»	»	»	»	»	»	»	
	125	Cabinet du médecin...	»	»	»	»	»	»	»	»	»	»	»	»	»	
		À REPORTER....	»	15	168	1	4	»	»	4	»	»	»	»	»	

BÂTIMENTS.	NUMÉROS DES LOCAUX.	AFFECTATION.	MALADES.			TROUPE.									CHEVAUX.	OBSERVATIONS.
							CONTENANCE normale.			CONTENANCE maxima.			PLACES éventuelles			
			OFFICIERS.	SOUS-OFFICIERS.	CAPORAUX ET SOLDATS.	OFFICIERS.	Sous-officiers logés seuls.	Sous-officiers logés en commun.	Caporaux et soldats.	Sous-officiers logés seuls.	Sous-officiers logés en commun.	Caporaux et soldats.	Sous-officiers.	Caporaux et soldats.		
		REPORT........	»	15	168	1	4	»	»	4	»	»	»	»	»	»
	126	Salle de malades......	»	»	5	»	»	»	»	»	»	»	»	»	»	»
	127	Id.	»	»	7	»	»	»	»	»	»	»	»	»	»	»
	127 bis	Id.	»	»	8	»	»	»	»	»	»	»	»	»	»	»
	128	Id.	»	»	11	»	»	»	»	»	»	»	»	»	»	»
	129	Salle d'aliénés........	»	»	1	»	»	»	»	»	»	»	»	»	»	»
	129 bis	Infirmier de garde....	»	»	»	»	»	»	1	»	»	1	»	»	»	»
	130	Salle des malades consignés..............	»	»	6	»	»	»	»	»	»	»	»	»	»	»
	131	Salle à manger des officiers malades......	»	»	»	»	»	»	»	»	»	»	»	»	»	»
	132	Salon des officiers malades	»	»	»	»	»	»	»	»	»	»	»	»	»	»
	133	W......................	»	»	»	»	»	»	»	»	»	»	»	»	»	»
	134	Officiers malades.....	2	»	»	»	»	»	»	»	»	»	»	»	»	»
	135	Infirmier.............	»	»	»	»	»	»	»	»	»	»	»	»	»	»
	136	Salle d'offic. malades.	4	»	»	»	»	»	»	»	»	»	»	»	»	»
	137	Id.	3	»	»	»	»	»	»	»	»	»	»	»	»	»
	138	Id.	8	»	»	»	»	»	»	»	»	»	»	»	»	»
	139	Vestiaire	»	»	»	»	»	»	»	»	»	»	»	»	»	»
a (Suite)	140	Salle d'officiers malades...............	4	»	»	»	»	»	»	»	»	»	»	»	»	»
	141	Couloir..............	»	»	»	»	»	»	»	»	»	»	»	»	»	»
	142	Latrines..............	»	»	»	»	»	»	»	»	»	»	»	»	»	»
	143	Salle de malades......	»	»	14	»	»	»	»	»	»	»	»	»	»	»
	143 bis	Id.	»	»	3	»	»	»	»	»	»	»	»	»	»	»
	144	Id.	»	»	5	»	»	»	»	»	»	»	»	»	»	»
	144 bis	Id.	»	»	2	»	»	»	»	»	»	»	»	»	»	»
	145	Id.	»	»	3	»	»	»	»	»	»	»	»	»	»	»
	145 bis	Id.	»	»	5	»	»	»	»	»	»	»	»	»	»	»
	146	Infirmier de visite.....	»	»	»	»	»	»	»	»	»	»	»	»	»	»
	147	Lavabo...............	»	»	»	»	»	»	»	»	»	»	»	»	»	»
	148	Latrines..............	»	»	»	»	»	»	»	»	»	»	»	»	»	»
	149	Salle de malades......	»	»	5	»	»	»	»	»	»	»	»	»	»	»
	149 bis	Id.	»	»	5	»	»	»	»	»	»	»	»	»	»	»
	150	Cabinet de la sœur...	»	»	»	»	»	»	»	»	»	»	»	»	»	»
	151	Salle de malades......	»	5	»	»	»	»	»	»	»	»	»	»	»	»
	152	Cabinet d'ustensiles...	»	»	»	»	»	»	»	»	»	»	»	»	»	»
	153	Cabinet du médecin traitant.............	»	»	»	»	»	»	»	»	»	»	»	»	»	»
		A REPORTER....	21	20	248	1	4	»	1	4	»	1	»	»	»	»

BATIMENTS.	NUMÉROS DES LOCAUX.	AFFECTATION.	MALADES.			TROUPE.									CHEVAUX.	OBSERVATIONS.
			OFFICIERS.	SOUS-OFFICIERS.	CAPORAUX ET SOLDATS.	OFFICIERS.	CONTENANCE normale.			CONTENANCE maxima.			PLACES éventuelles			
							Sous-officiers.		Caporaux et soldats.	Sous-officiers.		Caporaux et soldats.	Sous-officiers.	Caporaux et soldats.		
							logés seuls.	logés en commun		logés seuls.	logés en commun					
		REPORT........	21	20	248	1	4	»	1	4	»	1	»	»	»	
	154 et 154 bis	Salle de malades......	»	»	15	»	»	»	»	»	»	»	»	»	»	
	155	Id.	»	»	10	»	»	»	»	»	»	»	»	»	»	
	156	Id.	»	2	»	»	»	»	»	»	»	»	»	»	»	
a Suite	157	Id.	»	1	»	»	»	»	»	»	»	»	»	»	»	
	158	Id.	»	»	5	»	»	»	»	»	»	»	»	»	»	
	158 bis	Id.	»	»	5	»	»	»	»	»	»	»	»	»	»	
	159	Id.	»	5	»	»	»	»	»	»	»	»	»	»	»	
	159 bis	Id.	»	3	»	»	»	»	»	»	»	»	»	»	»	
	160	Cabinet du médecin traitant.............	»	»	»	»	»	»	»	»	»	»	»	»	»	
	161	Lavabo.............	»	»	»	»	»	»	»	»	»	»	»	»	»	
	162	Latrines.............	»	»	»	»	»	»	»	»	»	»	»	»	»	

3ᵉ *étage.*

RÉCAPITULATION.

BÂTIMENTS.	AFFECTATION.	MALADES.			TROUPE.									CHEVAUX.	OBSERVATIONS.
						CONTENANCE normale.			CONTENANCE maxima.			PLACES éventuelles			
		OFFICIERS.	SOUS-OFFICIERS.	CAPORAUX ET SOLDATS.	OFFICIERS.	Sous-officiers		Caporaux et soldats.	Sous-officiers		Caporaux et soldats.	Sous-officiers.	Caporaux et soldats.		
						logés seuls.	logés en commun		logés seuls.	logés en commun					
a	Malades, logement des infirmiers et accessoires...............	21	31	507	1	4	12	133	4	18	160	2	24	»	Les infirmiers sont logés au 3ᵉ étage.
b	Lavoir, essoreuses, cuvier, séchoir........	»	»	»	»	»	»	»	»	»	»	»	»	»	
f	Latrines..............	»	»	»	»	»	»	»	»	»	»	»	»	»	
g	Baraque de jardinier..	»	»	»	»	»	»	»	»	»	»	»	»	»	
h	Amphithéâtre.........	»	»	»	»	»	»	»	»	»	»	»	»	»	
J	Chapelle mortuaire....	»	»	»	»	»	»	»	»	»	»	»	»	»	
	Totaux........	21	31	507	1	4	12	133	4	18	160	2	24	»	

CORPS D'ARMÉE.

—

PLACE d

MODÈLE N° 1.

—

Articles 17 à 20 du règlement sur le service du casernement.

FORMAT : 0^m,325 × 0^m,215

ÉTAT DÉTAILLÉ

DE L'ASSIETTE DU CASERNEMENT.

Désigner l'établissement. } *Corps de garde M.*

MIS A JOUR :

ANNÉES	DATES.	SIGNATURE du chef du génie.
1912		
1913		
1914		
1915		
1916		
1917		
1918		
1919		
1920		
1921		

Dressé à   , le
Le Chef du génie,

APPROUVÉ, le   19
Par le Ministre de la guerre.
Le Chef du génie,

NOTA. — Sur le modèle commercial, le verso de ce feuillet est laissé en blanc.

BATIMENTS.	NUMÉROS DES LOCAUX.	AFFECTATION.	OFFICIERS.	SOUS-OFFICIERS ET SOLDATS.	OBSERVATIONS.
		Rez-de-chaussée.			
	1	Vestibule......................	»	»	
	2	Poste de soldats............	»	18	
	3	Poste d'officier..............	1	»	
a	4	Violon	»	»	
	5	Logement de portier-consigne	»	»	
	6	Id.............	»	»	
	1	Latrines des soldats	»	»	
b	2	Latrines de l'officier.........	»	»	
	3	Latrines du portier-consigne	»	»	
		Totaux.....	1	18	

CORPS D'ARMÉE.

PLACE d
ou
FORTS DE LA PLACE
d

MODÈLE N° 2.

Article 21 du règlement sur le service du casernement.

FORMAT : 0ᵐ,325✕0ᵐ,215.

Il est établi deux états distincts pour les places dans lesquelles il existe des forts ou ouvrages détachés, l'un concernant la place proprement dite et l'autre les forts ou ouvrages détachés.

ÉTAT RÉSUMÉ

DE L'ASSIETTE DU CASERNEMENT POUR 19

FAISANT CONNAITRE :

1° L'affectation des établissements militaires de la place,

2° Leur contenance de l'année précédente;

3° L'état des mutations avec tableau des gains et des pertes de places.

Dressé à   , le   novembre 19   .

Le Chef du génie,   Le Médecin,   Le Sous-Intendant militaire,   Le (1)

APPROUVÉ, le   19   .

Par le Ministre de la guerre.

Le Chef du génie,

---

(1) Major de la garnison si le commandant d'armes est un officier général, ou commandant d'armes s'il n'est pas officier général.

NOTA. — Sur le modèle commercial, le verso de ce feuillet est laissé en blanc.

1° *Logement des troupes.*

DÉSIGNATION DES ÉTABLISSEMENTS et affectation. — GAINS ET PERTES.	OFFICIERS.	TROUPE. CONTENANCE NORMALE. Sous-officiers logés seuls.	logés en commun.	Caporaux et soldats.	CONTENANCE MAXIMA. Sous-officiers logés seuls.	logés en commun.	Caporaux et soldats.	PLACES éventuelles. Sous-officiers.	Caporaux et soldats.	CHEVAUX.	MUTATIONS RÉSULTANT des décisions antérieures.	PROPOSÉES par la commission.	OBSERVATIONS.
1re. Bâtiments à l'Etat. *CASERNE VAUBAN.* AFFECTATION ACTUELLE.													
Infanterie : 2 bataillons et section *HR*	»	16	42	856	12	46	974	18	616	21			
Artillerie : 1 compagnie d'ouvriers	»	3	12	138	2	13	150	2	28	3			
25 secrétaires d'état-major	»	1	»	24	1	»	24	»	»	»			
Locaux non affectés	»	27	12	74	24	82	380	4	84	4			
Contenance en 1899	»	47	66	1.092	39	141	1.528	24	728	28			
MUTATIONS.													
Gains. — Bat. *a* : Chambre 37 (réfectoire) affectée à la troupe par suite de la construction d'un réfectoire à côté de la cuisine *q* (1)	»	»	+20	»	»	»	»	»	»	»	Décis. min. du 15 avril 1898.		
Bat. *b* : Chambre 61 affectée à un logement de sous-officier rengagé	»	+1	»	»	»	+2	»	»	»	»		Les chambres de troupe sont en excédent.	
Pertes. — Bat. *b* : Chambre 61 affectée à un logement de sous-officier rengagé	»	»	»	—6	»	»	—8	»	»	»		Id.	
Sans gains ni pertes. — Bat. *c*. Bureau du trésorier affecté à la salle d'escrime des officiers ; chambre 35 (secrétaire du trésorier) affectée au vestiaire de ladite salle	»	»	»	»	»	»	»	»	»	»		Le trésorier a son bureau en ville.	
TOTAL des gains	»	+1	+20	»	»	+2	»	»	»	»			
TOTAL des pertes	»	»	»	—6	»	»	—8	»	»	»			
Contenance proposée pour 1900.	»	48	86	1.086	39	143	1.520	24	728	28			

(1) Cette mutation n'augmente pas la contenance maxima.

DÉSIGNATION DES ÉTABLISSEMENTS et affectation. — GAINS ET PERTES.	OFFICIERS.	TROUPE. CONTENANCE NORMALE. Sous-officiers logés seuls.	logés en commun.	Caporaux et soldats.	CONTENANCE MAXIMA. Sous-officiers logés seuls.	logés en commun.	Caporaux et soldats.	PLACES éventuelles. Sous-officiers.	Caporaux et soldats.	CHEVAUX.	MUTATIONS. RÉSULTANT des décisions antérieures.	PROPOSÉES par la commission.	OBSERVATIONS.
QUARTIER KLÉBER. AFFECTATION ACTUELLE. *Cavalerie :* 1 régiment, 5 escadrons....................	»	»	»	»	»	»	»	»	»	»			
Contenance en 1899..........	»	22	62	810	16	88	1.204	12	208	796			
MUTATIONS. Gains : néant. Pertes : néant. Sans gains ni pertes : néant.													
Contenance proposée pour 1900	»	22	62	810	16	88	1.204	12	208	796			
....CASERNE....................	..	...	....	...	...	...	...	...	....	....			
§ 2. Bâtiments pris à loyer. Néant.													
§ 3. Bâtiments prêtés par la ville. *ECURIE* T (du marché). AFFECTATION. Cavalerie.....................	»	»	»	»	»	»	»	»	»	»			
Contenance en 1899..........	»	»	»	»	»	»	»	»	»	60			
MUTATIONS. Gains : néant. Pertes : néant. Sans gains ni pertes : néant.													
Contenance proposée pour 1900	»	»	»	»	»	»	»	»	»	60			
RÉCAPITULATION. § 1er. Bâtiments à l'Etat.......	»	88	172	2.804	59	318	3.640	44	1.214	1.482			
§ 2. Bâtiments pris à loyer....	»	»	»	»	»	»	»	»	»	»			
§ 3. Bâtiments prêtés par la ville....................	»	»	»	»	»	»	»	»	»	60			
TOTAL GÉNÉRAL de la contenance pour 1900..........	»	88	172	2.804	59	318	3.640	44	1.214	1.542			

2º Etablissements de la justice militaire.

DÉSIGNATION DES ÉTABLISSEMENTS et affectation. — GAINS ET PERTES.	OFFICIERS.	SOUS-OFFICIERS et soldats.	MUTATIONS		OBSERVATIONS.
			RÉSULTANT de décisions antérieures.	PROPOSÉES par la commission.	
§ 1er. Bâtiments à l'Etat. *PRISON MILITAIRE* I *ET CONSEIL DE GUERRE* J. — Contenance en 1899.............	2	22			
MUTATIONS. Gains : néant. Pertes : néant. Sans gains ni pertes : néant.					
TOTAL des gains : néant. TOTAL des pertes : néant.					
Contenance proposée pour 1900..	2	22			
§ 2. Bâtiments pris à loyer. Néant.					
§ 3. Bâtiments prêtés par la ville. Néant.					
RÉCAPITULATION. § 1er. Bâtiments à l'Etat.........	2	22			
§ 2. Bâtiments pris à loyer......	»	»			
§ 3. Bâtiments prêtés par la ville.	»	»			
TOTAL GÉNÉRAL de la contenance pour 1900........	2	22			

3° Etablissements des subsistances.

DÉSIGNATION DES ÉTABLISSEMENTS et affectation. — GAINS ET PERTES.	CONTENANCE EN : MILLIERS DE RATIONS. Vivres pains.	Conserves.	Petits vivres.	Avoine et orge.	Foin ou paille.			FOURS. Nombre de fours.	Capacité par four en rations.	HECTO-LITRES. Liquides.	MUTATIONS. Résultant de décisions antérieures.	Proposées par la commission.	OBSERVATIONS.
§ 1er. Bâtiments à l'Etat. *MANUTENTION X.*													
Contenance en 1899.........	(1) 500	»	»	»	»	»	»	6	300	(2) 150			(1) Dont 25.000 rations biscuit ou pain de guerre, 175.000 farines; 300.000 blé. (2) Dont 130 hectolitres vin; 20 hectolitres eaux-de-vie.
MUTATIONS. Gains : néant. Pertes : néant. Sans gains ni pertes : néant													
Contenance proposée p. 1900.	500	»	»	»	»	»	»	6	300	150			
MAGASIN AUX AVOINES.													
Contenance en 1899.........	»	»	»	(3) 600	»	»	»	»	»	»			(3) 400.000 en couche; 200.000 en sac.
MUTATIONS. Gains : néant. Pertes : néant. Sans gains ni pertes : néant.													
Contenance proposée p. 1900.	»	»	»	600	»	»	»	»	»	»			
§ 2. Bâtiments pris à loyer. *MAGASIN AUX FOURRAGES.*													
Contenance en 1899.........	»	»	»	»	(4) 300	»	»	»	»	»			(4) Dont 200.000 foin pressé sous hangar; 25.000 foin ou paille en vrac sous hangar; 75.000 foin ou paille en meules.
MUTATIONS. Gains : néant. Pertes : néant. Sans gains ni pertes : néant.													
Contenance proposée p. 1900.	»	»	»	»	300	»	»	»	»	»			
§ 3. Bâtiments prêté par la ville. Néant.													
RÉCAPITULATION. § 1er Bâtiments à l'Etat.....	500	»	»	600	»	»	»	6	300	150			
§ 2. Bâtiments pris à loyer..	»	»	»	»	300	»	»	»	»	»			
§ 3. Bâtiments prêtés par la ville	»	»	»	»	»	»	»	»	»	»			
TOTAL GÉNNÉRAL de la contenance pour 1900.....	500	»	»	600	300	»	»	6	300	150			

4° Magasins des lits militaires, de l'habillement, du harnachement, du campement et du chauffage.

DÉSIGNATION DES ÉTABLISSEMENTS et affectation. — GAINS ET PERTES.	CONTENANCE.	MUTATIONS		OBSERVATIONS.
		RÉSULTANT de décisions antérieures.	PROPOSÉES par la commission.	
§ 1er. Bâtiments à l'Etat. *MAGASINS DES LITS MILITAIRES L (des Carmélites).* — Contenance en 1899............	4.000 fournitures complètes de soldat; 500 demi-fournitures; 20.000 draps.			
MUTATIONS. Gains : néant. Pertes : néant. Sans gains ni pertes : néant.				
Contenance proposée pour 1900..	La même qu'en 1899.			
§ 2. Bâtiments pris à loyer. Néant.				
§ 3. Bâtiments prêtés par la ville. *MAGASIN DE L'HABILLEMENT, DU HARNACHEMENT ET DU CAMPEMENT.* — Contenance en 1899...........	12.000 mètres cubes d'étagères; 8.000 collections de campement; 5.000 collections de harnachement de selle; 200 harnachement de trait.			
MUTATIONS. Gains : néant. Pertes : néant. Sans gains ni pertes : néant.				
Contenance proposée pour 1900..	La même qu'en 1899.			
MAGASIN DU CHAUFFAGE S. — Contenance en 1899............	Surface utilisable : à découvert 810m²; sous hangar 600m².			
MUTATIONS. Gains : néant. Pertes : néant. Sans gains ni pertes : néant.				
Contenance proposée pour 1900..	La même qu'en 1899.			

5º *Etablissements du service de santé.*

DÉSIGNATION DES ÉTABLISSEMENTS et affectation. — GAINS ET PERTES.	MALADES			TROUPE.										MUTATIONS		OBSERVATIONS.
					CONTENANCE NORMALE.			CONTENANCE MAXIMA.			PLACES éventuelles.					
	Officiers.	Sous-officiers.	Caporaux et soldats.	OFFICIERS.	Sous-officiers logés seuls.	logés en commun.	Caporaux et soldats.	Sous-officiers logés seuls.	logés en commun.	Caporaux et soldats.	Sous-officiers.	Caporaux et soldats.	CHEVAUX.	RÉSULTANT de décisions antérieures.	PROPOSÉES par la commission.	
§ 1ᵉʳ. Bâtiments à l'Etat. *HOPITAL MILITAIRE Q (du Grand Commun).*																
Contenance en 1899.........	21	31	507	1	4	12	133	4	18	160	2	24	»			
MUTATIONS.																
Gains. — Bat. *a* : 3ᵉ étage, chambre 178 (magasin) affectée au casernement des infirmiers.......	»	»	»	»	»	»	+4	»	»	+6	»	»	»			Magasin inutile.
Bat. *a* : 3ᵉ étage, chambre 181 (infirmiers) affectée à une salle de malades.........	»	»	+5	»	»	»	»	»	»	»	»	»	»			Pour les contagieux, leurs salles étant insuffisantes.
Pertes. — Bat. *a* : 3ᵉ étage, chambre 181 (infirmiers) affectée à une salle de malades.........	»	»	»	»	»	»	—8	»	»	—12	»	»	»			Id.
Sans gains ni pertes. — Bat. *a* : 3ᵉ étage, chambres 170 *bis* et 171 (magasins de la pharmacie) affectées à un atelier de repassage.......	»	»	»	»	»	»	»	»	»	»	»	»	»			Les approvisionnements de ces magasins trouvant place dans les caves.
Total des gains........	»	»	+5	»	»	»	+4	»	»	+6	»	»	»			
Total des pertes.......	»	»	»	»	»	»	—8	»	»	—12	»	»	»			
Contenance proposée pour 1900..................	21	31	512	1	4	12	129	4	18	154	2	24	»			

DÉSIGNATION DES ÉTABLISSEMENTS et affectation. — GAINS ET PERTES.	MALADES			OFFICIERS.	TROUPE.								CHEVAUX.	MUTATIONS		OBSERVATIONS.
	Officiers.	Sous-officiers.	Caporaux et soldats.		CONTENANCE NORMALE.			CONTENANCE MAXIMA.			PLACES éventuelles.			Résultant de décisions antérieures.	Proposées par la commission.	
					Sous-officiers		Caporaux et soldats.	Sous-officiers		Caporaux et soldats.	Sous-officiers.	Caporaux et soldats.				
					logés seuls.	logés en commun.		logés seuls.	logés en commun.							
§ 2. Bâtiments pris à loyer. *HOSPICE CIVIL (de Ste-Anne)*																
Contenance en 1899.........	»	5	50	»	»	»	»	»	»	»	»	»	»			
MUTATIONS. Gains : néant. Pertes : néant. Sans gains ni pertes : néant.																
Contenance proposée pour 1900....................	»	5	50	»	»	»	»	»	»	»	»	»	»			
§ 3. Bâtiments prêtés par la ville. Néant.																
RÉCAPITULATION.																
§ 1er. Bâtiments à l'État....	21	31	512	1	4	12	129	4	18	154	2	24	»			
§ 2. Bâtiments pris à loyer..	»	5	50	»	»	»	»	»	»	»	»	»	»			
§ 3. Bâtiments prêtés par la ville....................	»	»	»	»	»	»	»	»	»	»	»	»	»			
TOTAL GÉNÉRAL de la contenance pour 1900.........	21	36	562	1	4	12	129	4	18	154	2	24	»			

6° *Corps de garde isolés.*

DÉSIGNATION DES ETABLISSEMENTS et affectation. — GAINS ET PERTES.	CONTE-NANCE.		MUTATIONS		OBSERVATIONS.
	OFFICIERS.	SOUS-OFFICIERS et soldats.	RÉ-SULTANT de décisions anté-rieures.	PROPO-SÉES par la com-mission.	
§ 1er. Bâtiments à l'Etat. *CORPS DE GARDE M.* —					
Contenance en 1899............	1	18			
MUTATIONS. Gains : néant. Pertes : néant. Sans gains ni pertes : néant.					
Contenance proposée pour 1900 .	1	18			
§ 2. Bâtiments pris à loyer. Néant.					
§ 3. Bâtiments prêtés par la ville. *CORPS DE GARDE R* *(de la place d'Armes).* —					
Contenance en 1899............	1	30			
MUTATIONS. Gains : néant. Pertes : néant. Sans gains ni pertes : néant.					
Contenance proposée pour 1900 .	1	30			
RÉCAPITULATION.					
§ 1er. Bâtiments à l'Etat.........	1	18			
§ 2. Bâtiments pris à loyer......	»	»			
§ 3. Bâtiments prêtés par la ville.	1	30			
TOTAL GÉNÉRAL de la contenance pour 1900	2	48			

•CORPS D'ARMÉE.

GÉNIE.

DIRECTION d

MODÈLE Nº 3.

Article 22 du règlement
sur le service du caser-
nement

FORMAT : 0ᵐ,325 × 0ᵐ,215.

ÉTAT GÉNÉRAL

DE L'ASSIETTE DU CASERNEMENT POUR 19

FAISANT CONNAÎTRE :

1º L'affectation } des établissements militaires de la direction
2º La contenance } d

Dressé à   , le   décembre 19   .
Le Directeur du génie,

APPROUVÉ, le
Le Ministre de la guerre,

NOTA. — Il est établi deux états distincts par Direction, l'un pour les établissements du casernement proprement dit, l'autre pour les locaux de la fortification affectés en temps de paix au logement des troupes.
Sur le modèle commercial, le verso de ce feuillet est laissé en blanc.

1° *Logement des troupes.*

| PLACES. | DESIGNATION DES ÉTABLISSEMENTS et affectation. | OFFICIERS. | TROUPE. | | | | | | PLACES éventuelles. | | CHEVAUX. | OBSERVATIONS. |
| | | | CONTENANCE normale. | | | CONTENANCE maxima. | | | | | | |
			Sous-officiers logés seuls.	logés en commun.	Caporaux et soldats.	Sous-officiers logés seuls.	logés en commun.	Caporaux et soldats.	Sous-officiers.	Caporaux et soldats.		
R	**§ 1ᵉʳ. Bâtiments à l'Etat.** *—CASERNE VAUBAN.* AFFECTATION EN 1899 : *Infanterie :* 2 bataillons et section HR……………	»	»	»	»	»	»	»	»	»	»	Place R.
	Artillerie : 1 compagnie d'ouvriers……………	»	»	»	»	»	»	»	»	»	»	
	25 secrétaires d'état-major……	»	»	»	»	»	»	»	»	»	»	
	Contenance pour 1900……	»	48	86	1.086	39	143	1.520	24	728	28	
	QUARTIER KLÉBER. AFFECTATION : *Cavalerie :* 1 régiment à 5 escadrons…………………	»	»	»	»	»	»	»	»	»	»	
	Contenance pour 1900……	»	22	62	810	16	88	1.204	12	208	796	
	CASERNE………………	..	……	……	……	…	……	……	……	……	……	
	§ 2. Bâtiments pris à loyer. Néant.											
	§ 3. Bâtiments prêtés par la ville. *ÉCURIE T (du Marché).* AFFECTATION : *Cavalerie*………………	»	»	»	»	»	»	»	»	»	»	
	Contenance pour 1900……	»	»	»	»	»	»	»	»	»	60	
S	**§ 1ᵉʳ. Bâtiments à l'Etat.** *CASERNE HOCHE.* AFFECTATION : *Infanterie :* 1 bataillon………	»	»	»	»	»	»	»	»	»	»	Place S.
	Contenance pour 1900……	»	12	28	484	8	58	612	10	224	8	

PLACES.	DÉSIGNATION DES ÉTABLISSEMENTS et affectation.	OFFICIERS.	TROUPE.								CHEVAUX.	OBSERVATIONS.
			CONTENANCE normale.			CONTENANCE maxima.			PLACES éventuelles.			
			Sous-officiers		Caporaux et soldats.	Sous-officiers		Caporaux et soldats.	Sous-officiers.	Caporaux et soldats.		
			logés seuls.	logés en commun.		logés seuls.	logés en commun.					
S *Suite.*	....	..	....		....				......		....	
	§ 2. Bâtiments pris *CASERNE* H (*des Cordeliers*). AFFECTATION : *Infanterie : 2 compagnies* ...	»	»	»	»	»	»	»	»	»	»	
	Contenance pour 1900.....	»	»	»	»	»	»	»	»	»	»	
	§ 3. Bâtiments prêtés par la ville. Néant.											
T	**§ Bâtiments à l'Etat.** *CASERNE* AFFECTATION : *Artillerie : 1 régiment*.......	»	»	»	»	»	»	»	»	»	»	Place T.
	Contenance pour 1900.....	»	»	»	»	»	»	»	»	»	»	
	....	..	...			...			...		....	
	§ 2. Bâtiments pris à loyer. Néant.											
	§ 3. Bâtiments prêtés par la ville. Néant.											
U Enceinte.												Place U.
U Forts.	....		...			...			...		....	

PLACES.	DÉSIGNATION DES ÉTABLISSEMENTS et affectation.	OFFICIERS.	TROUPE. CONTENANCE normale. Sous-officiers logés seuls.	logés en commun.	Caporaux et soldats.	CONTENANCE maxima. Sous-officiers logés seuls.	logés en commun.	Caporaux et soldats.	PLACES éventuelles. Sous-officiers.	Caporaux et soldats.	CHEVAUX.	OBSERVATIONS.
	RÉCAPITULATION.											
	I. — PAR CATÉGORIE :											
	§ 1. Bâtiments à l'Etat.											
	PLACE R...............	»	88	172	2.804	59	318	3.940	44	1.214	1.482	
	— S...............	»	»	»	»	»	»	»	»	»	»	
	— T...............	»	»	»	»	»	»	»	»	»	»	
	— U { Enceinte.......... Forts............											
	....											
	....											
	TOTAL.....	»	»	»	»	»	»	»	»	»	»	
	§ 2. Bâtiments pris à loyer.											
	PLACE R...............	»	»	»	»	»	»	»	»	»	»	
	— S...............	»	»	»	»	»	»	»	»	»	»	
	— T...............	»	»	»	»	»	»	»	»	»	»	
	— U...............											
	....											
	TOTAL.....	»	»	»	»	»	»	»	»	»	»	
	§ 3. Bâtiments prêtés par la ville.											
	PLACE R...............	»	»	»	»	»	»	»	»	»	60	
	— S...............	»	»	»	»	»	»	»	»	»	»	
	— T...............	»	»	»	»	»	»	»	»	»	»	
	— U...............											
	....											
	TOTAL.....	»	»	»	»	»	»	»	»	»	»	
	II. — PAR PLACE :											
	PLACE R...............	»	88	172	2.804	59	318	3.640	44	1.214	1.542	
	— S...............	»	»	»	»	»	»	»	»	»	»	
	— T...............	»	»	»	»	»	»	»	»	»	»	
	— U...............											
	....											
	TOTAL GÉNÉRAL pour la Direction.........	15	590	1.170	14.910	470	1.940	2.1220	300	8.320	4.260	

2° *Etablissements de la justice militaire.*

PLACES.	DÉSIGNATION DES ÉTABLISSEMENTS et affectation.	OFFICIERS.	SOUS-OFFICIERS et soldats.	OBSERVATIONS.
R	§ 1er. **Bâtiments à l'Etat.** *PRISON MILITAIRE I et CONSEIL DE GUERRE J.* Contenance pour 1900.....	2	22	
	§ 2. **Bâtiments pris à loyer.** Néant.			
	§ 3. **Bâtiments prêtés par la ville.** Néant.			
S	§ 1er. **Bâtiments à l'Etat.** Néant.			
	§ 2. **Bâtiments pris à loyer.** Néant.			
	§ 3. **Bâtiments prêtés par la ville.** *PRISON CIVILE (de Sainte-Marguerite).* Contenance pour 1900	2	34	
T	§ 1er. **Bâtiments à l'Etat.** *PRISON MILITAIRE X (des Carmes).* Contenance pour 1900.....	4	72	
	§ 2. **Bâtiments pris à loyer.** Néant.			
	§ 3. **Bâtiments prêtés par la ville.** Néant.			
U	....	......	......	....

PLACES.	DÉSIGNATION DES ÉTABLISSEMENTS et affectation.	OFFICIERS.	SOUS-OFFICIERS et soldats.	OBSERVATIONS.
	RÉCAPITULATION.			
	I. — PAR CATÉGORIE.			
	§ 1er. **Bâtiments à l'Etat.**			
	PLACE R............................	2	22	
	— S............................	»	»	
	— T............................	4	72	
	— U............................	....	....	
	....	....	....	
	....	....	....	
	TOTAL......	»	»	
	§ 2. **Bâtiments pris à loyer.**			
	PLACE R............................	»	»	
	— S............................	»	»	
	— T............................	»	»	
	— U............................	....	....	
	....	....	....	
	TOTAL......	»	»	
	§ 3. **Bâtiments prêtés par la ville.**			
	PLACE R............................	»	»	
	— S............................	2	34	
	— T............................	»	»	
	— U............................	....	....	
	....	....	....	
	TOTAL......	»	»	
	II. — PAR PLACE.			
	PLACE R............................	2	22	
	— S............................	2	34	
	— T............................	4	72	
	— U............................	....	....	
	....	....	....	
	TOTAL GÉNÉRAL pour la Direction............	12	164	

3° *Etablissement des subsistances.*

PLACES.	DÉSIGNATION DES ÉTABLISSEMENTS et affectation.	CONTENANCE EN :										OBSERVATIONS.
		MILLIERS DE RATIONS.							FOURS.		HECTO-LITRES.	
		Vivres-pain.	Conserves.	Petits vivres.	Avoine et orge.	Foin ou paille.			Nombre de fours.	Capacité par four en rations.	Liquides.	
R	§1er. Bâtiments à l'Etat. *MANUTENTION* N.											(1) Dont 25.000 rations en pain de guerre; 175.000 rations en farines; 300.000 en blé. (2) Dont 130 hectolitres vin; 20 hectolitres eau-de-vie. (3) 400.000 en couche; 200.000 en sacs.
	Contenance pour 1900.....	(1) 500	»	»	»	»	»	»	6	300	(2) 150	
	MAGASIN AUX AVOINES.											
	Contenance pour 1900.....	»	»	»	(3) 600	»	»	»	»	»	»	
	§ 2. Bâtiments pris à loyer. *MAGASIN AUX FOURRAGES.*											
	Contenance pour 1900.....	»	»	»	»	300	»	»	»	»	»	
	§ 3. Bâtiments prêtés par la ville. Néant.											
S	§1er. Bâtiments à l'Etat. *MANUTENTION* G.											(4) Vin 200 hectolitres; eau-de-vie 50 hectolitres.
	Contenance pour 1900.....	200	»	»	»	»	»	»	4	300	(4) 250	
	§ 2. Bâtiments pris à loyer. *MAGASIN AUX FOURRAGES* G (au sieur Bernard).											
	Contenance pour 1900.....	»	»	»	25	100	»	»	»	»	»	
	§ 3. Bâtiments prêtés par la ville. Néant.											

PLACES.	DÉSIGNATION DES ÉTABLISSEMENTS et affectation.	CONTENANCE EN :							FOURS.		HECTO-LITRES.	OBSERVATIONS.
		MILLIERS DE RATIONS.										
		Vivres-pain.	Conserves.	Petits-vivres.	Avoine et orge.	Foin et paille.			Nombre de fours.	Capacité par four en rations.	Liquides.	
T	....	...	...	...	...	...	...	...	...	...	...	....
	....	...	...	...	...	...	...	...	...	...	...	....
	....	...	...	...	...	...	...	...	...	...	...	....
	RÉCAPITULATION.											
	I. — PAR CATÉGORIE.											
	§ 1er. Bâtiments à l'Etat.											
	PLACE R	500	»	»	600	»	»	»	6	300	150	
	— S	200	»	»	»	»	»	»	4	300	250	
	— T	...	...	...	...	...	...	...	...	...	...	
		...	...	...	...	...	...	...	...	...	...	
	TOTAL.....	»	»	»	»	»	»	»	»	»	»	
	§ 2. Bâtiments pris à loyer.											
	PLACE R	»	»	»	»	300	»	»	»	»	»	
	— S	»	»	»	25	100	»	»	»	»	»	
	— T	...	...	...	...	...	...	...	...	...	...	
		...	...	...	...	...	...	...	...	...	...	
	TOTAL.....	»	»	»	»	»	»	»	»	»	»	
	§ 3. Bâtiments prêtés par la ville.											
	PLACE R	»	»	»	»	»	»	»	»	»	»	
	— S	»	»	»	»	»	»	»	»	»	»	
	— T	...	...	...	...	...	...	...	...	...	...	
		...	...	...	...	...	...	...	...	...	...	
	TOTAL.....	»	»	»	»	»	»	»	»	»	»	
	II. — PAR PLACE.											
	PLACE R	500	»	»	600	300	»	»	6	300	150	
	— S	200	»	»	25	100	»	»	4	300	250	
	— T	...	...	...	...	...	...	...	...	...	...	
		...	...	...	...	...	...	...	...	...	...	
		...	...	...	...	...	...	...	...	...	...	
	TOTAL GÉNÉRAL pour la Direction.........	»	»	»	»	»	»	»	»	»	»	

4° *Magasins des lits militaires, de l'habillement, du harnachement, du campement et du chauffage.*

PLACES.	DÉSIGNATION DES ÉTABLISSEMENTS et affectation.	CONTENANCE.	OBSERVATIONS.
R	**§ 1". Bâtiments à l'Etat.** *MAGASIN DES LITS MILITAIRES L (des Carmélites).* Contenance pour 1900.....	4.000 fournitures complètes de soldat. 500 demi-fournitures. 20.000 draps.	
	§ 2. Bâtiments pris à loyer. Néant.		
	§ 3. Bâtiments prêtés par la ville. *MAGASIN DE L'HABILLEMENT, DU HARNACHEMENT ET DU CAMPEMENT.* Contenance pour 1900.....	12.000 mètres cubes d'étagères. 8.000 collections de campement. 5.000 collections de harnachement de selle. 200 harnachements de trait.	
	MAGASIN DU CHAUFFAGE S. Contenance pour 1900.....	Surface utilisable : à découvert : 810 mètres carrés. sous hangar : 600 mètres carrés.	
S	**§.1". Bâtiments à l'Etat.** *MAGASIN DES LITS MILITAIRES M (de Saint-Jean).* Contenance pour 1900.....	....	..
	§ 2. Bâtiments pris à loyer. Néant.		
	§ 3. Bâtiments prêtés par la ville. Néant.		
T	....	....	....
	....	....	....

PLACES.	DÉSIGNATION DES ÉTABLISSEMENTS et affectation.	CONTENANCE.	OBSER- VATIONS.
	RÉCAPITULATION. I. — PAR CATÉGORIE. § 1er. **Bâtiments à l'Etat.** *PLACE* R (Lits militaires)....... — S (Id.)....... — T....................		
	TOTAL.....	»	
	§ 2. **Bâtiments pris à loyer.** *PLACE* R.................... — S.................... — T....................		
	TOTAL.....	»	
	§ 3. **Bâtiments prêtés par la ville.** *PLACE* R { Habillement, harna- chement, campement Chauffage............ — S.................... — T....................		
	TOTAL......	»	
	II. — PAR PLACE. *PLACE* R { Lits militaires........ Habillement, harna- chement, campement Chauffage............ — S (Lits militaires)....... — T....................		
	TOTAL GÉNÉRAL pour la Direction............	Lits militaires. {.............. Habillement... {.............. Harnachement. {.............. Campement ... {.............. Chauffage...... {..............	

5° *Etablissements du service de santé.*

PLACES.	DÉSIGNATION des établissements et affectation.	MALADES			TROUPE.										OBSER- VATIONS.
		Officiers.	Sous-officiers.	Caporaux et soldats.	Officiers.	Contenance normale.			Contenance maxima.			Places éventuelles.		Chevaux.	
						Sous-officiers logés seuls.	Sous-officiers logés en commun.	Caporaux et soldats.	Sous-officiers logés seuls.	Sous-officiers logés en commun.	Caporaux et soldats.	Sous-officiers.	Caporaux et soldats.		
R	§1er. **Bâtiments à l'Etat** *HOPITAL MILITAIRE Q (du Grand-Commun).* Contenance pour 1900.....	21	31	512	1	4	12	129	4	18	154	2	24	»	
	§ 2. **Bâtiments pris à loyer.** *HOSPICE CIVIL (de Ste-Anne).* Contenance pour 1900.....	»	5	50	»	»	»	»	»	»	»	»	»	»	
	§ 3. **Bâtiments prêtés par la ville.** Néant.														
S	§1er. **Bâtiments à l'Etat.** *HOPITAL MILITAIRE P (de St-François).* Contenance pour 1900.....	10	22	250	1	2	8	42	2	16	60	2	12	»	
	§ 2. **Bâtiments pris à loyer.** Néant.														
	§ 3. **Bâtiments prêtés par la ville.** Néant.														
T	§1er. **Bâtiments à l'Etat.** Néant.														
	§ 2. **Bâtiments pris à loyer.** *HOSPICE CIVIL (de St-Jean).* Contenance pour 1900.....	4	10	120	»	2	8	24	2	12	36	»	»	»	

PLACES.	DÉSIGNATION DES ÉTABLISSEMENTS et affectation.	MALADES			TROUPE.										OBSER-VATIONS.
		OFFICIERS.	SOUS-OFFICIERS.	CAPORAUX ET SOLDATS.	OFFICIERS.	CONTENANCE normale. Sous-officiers logés seuls.	logés en commun.	Caporaux et soldats.	CONTENANCE maxima. Sous-officiers logés seuls.	logés en commun.	Caporaux et soldats.	PLACES éventuelles. Sous-officiers.	Caporaux et soldats.	CHEVAUX.	
T Suite.	§ 3. Bâtiments prêtés par la ville. Néant.														
U	....														
	RÉCAPITULATION. I. — PAR CATÉGORIE. § 1er. Bâtiments à l'État.														
	PLACE R..........	21	31	512	1	4	12	129	4	18	154	2	24	»	
	— S..........	10	22	250	1	2	8	42	2	16	60	2	12	»	
	— T..........	»	»	»	»	»	»	»	»	»	»	»	»	»	
	— U..........														
	TOTAL......	»	»	»	»	»	»	»	»	»	»	»	»	»	
	§ 2. Bâtiments pris à loyer.														
	PLACE R..........	»	5	50	»	»	»	»	»	»	»	»	»	»	
	— S..........	»	»	»	»	»	»	»	»	»	»	»	»	»	
	— T..........	4	10	120	»	2	8	24	2	12	36	»	»	»	
	— U..........														
	TOTAL......	»	»	»	»	»	»	»	»	»	»	»	»	»	
	§ 3. Bâtiments prêtés par la ville.														
	PLACE R..........	»	»	»	»	»	»	»	»	»	»	»	»	»	
	— S..........	»	»	»	»	»	»	»	»	»	»	»	»	»	
	— T..........	»	»	»	»	»	»	»	»	»	»	»	»	»	
	— U..........														
	TOTAL......	»	»	»	»	»	»	»	»	»	»	»	»	»	
	II. — PAR PLACE.														
	PLACE R..........	21	36	562	1	4	12	129	4	18	154	2	24	»	
	— S..........	10	22	250	1	2	8	42	2	16	60	2	12	»	
	— T..........	4	10	120	»	2	8	24	2	12	36	»	»	»	
	— U..........														
	TOTAL GÉNÉRAL pour la Direction......	46	75	980	4	12	34	254	12	60	340	16	56	»	

6° *Corps de garde isolés.*

PLACES.	DÉSIGNATION DES ÉTABLISSEMENTS et affectation.	CONTE-NANCE.		OBSERVATIONS.
		Officiers.	Sous-officiers.	
R	§ 1er. **Bâtiments à l'Etat.** *CORPS DE GARDE M.* Contenance pour 1900.....	1	18	
	§2. **Bâtiments pris à loyer.** Néant.			
	§ 3. **Bâtiments prêtés par la ville.** *CORPS DE GARDE R* *(de la place d'Armes).* Contenance pour 1900.....	1	30	
S	§ 1er. **Bâtiments à l'Etat.** Néant.			
	§2. **Bâtiments pris à loyer.** Néant.			
	§ 3. **Bâtiments prêtés par la ville.** *CORPS DE GARDE* *(du Marché).* Contenance pour 1900.....	1	12	
T	§ 1er. **Bâtiments à l'Etat.** *CORPS DE GARDE L* *(de la Porte de Paris).* Contenance pour 1900.....	1	24	
	§ 2. **Bâtiments pris à loyer.** Néant.			
	§ 3. **Bâtiments prêtés par la ville.** Néant.			
U	....	....	....	....
	....			....

PLACES.	DÉSIGNATION DES ÉTABLISSEMENTS et affectation.	CONTE-NANCE.		OBSERVATIONS.
		Officiers.	Sous-officiers	
	RÉCAPITULATION.			
	I. — PAR CATÉGORIE.			
	§ 1er. Bâtiments à l'Etat.			
	PLACE R	1	18	
	— S	»	»	
	— T	1	24	
	— U			
	TOTAL	3	48	
	§ 2. Bâtiments pris à loyer.			
	PLACE R	»	»	
	— S	»	»	
	— T	»	»	
	— U			
	TOTAL	»	»	
	§ 3. Bâtiments prêtés par la ville.			
	PLACE R	1	30	
	— S	1	12	
	— T	»	»	
	— U			
	TOTAL	3	50	
	II. — PAR PLACE.			
	PLACE R	2	48	
	— S	1	12	
	— T	1	24	
	— U			
	TOTAL GÉNÉRAL pour la région	6	98	

CORPS D'ARMÉE.

Place d

Désigner
l'établissement.

Modèle n° 4.

Art. 45 du règlement sur le service du casernement.

Format : 0m,325 × 0m,215

ETAT DESCRIPTIF DES LIEUX

1re PAR

BATIMENTS.	ESCALIERS ET CORRIDORS.	ÉTAGES.	CHAMBRES.	DESTINATION.	CONTENANCE.	OBJETS ATTACHÉS AU FONDS A PERPÉTUELLE DEMEURE.										
						Portes.	Croisées.	Volets ou persiennes.	Demi-stalles.	Serrures avec clef.	Serrures sans clef.	Crochets de croisée.	Râteliers d'écurie.	Mangeoires.	Chaînes d'attache avec leurs tiges ou anneaux fixés aux mangeoires.	Anneaux de pansage.

TIE.

OBJETS SUSCEPTIBLES
D'ÊTRE CONSIDÉRÉS COMME PARTIES INTÉGRANTES DES BATIMENTS
et devant être entretenus par les corps.

Planches à bagages ou tablettes.	Crochets porte-fourniment.	Crochets porte-souliers.	Consoles en fonte.	Râteliers d'armes.	Râteliers porte-brides.	Armoires de sous-officiers.	Tablettes-lavabos.	Casiers pour registres.	Casiers pour serviettes.	Portemanteaux.	Lits de camp fixes.	Planches à pain.	Coffres à avoine.

OBJETS SUSCEPTIBLES D'ÊTRE CONSIDÉRÉS COMME PARTIES INTÉGRANTES DES BATIMENTS et dont le rémplacement et l'entretien sont assurés par le service du génie.															
Fourneaux de cuisine.	Soufflets de forge.	Horloges.	Cuvettes-lavabos avec robinets d'eau.	Fourneaux de bronzage fixes.	Moulins à café fixes.										

OBJETS MOBILIERS ENTRETENUS ET REMPLACÉS PAR LE SERVICE DU GÉNIE, et devant figurer dans l'inventaire estimatif annuel.													
Cafetières mobiles.	Percolateurs.	Moulins à café mobiles.	Glaces mobiles.	Appareils extincteurs d'incendie.	Bonbonnes de liquide extincteur.	Bigornes.	Enclumes.	Guérites pour le service des places.	Fourneaux d'infirmerie vétérinaire.	Poêles en fonte pour la tisanerie.	Pompes à incendie.	Tuyaux de pompes à incendie.	Seaux d'incendie.

OBJETS MOBILIERS A PRENDRE EN CHARGE

QU'IL TIENT AU TITRE

Tables de caserne.	Bancs de caserne.	Tables de réfectoires.	Bancs de réfectoires.	Tables d'école.	Bancs d'école.	Tables de sous-officiers.	Tables de pension de sous-officiers.	Chaises en paille.	Chaises en bois.	Guérites pour les sentinelles ou plantons et service intérieur.	Poêles.	Tuyaux de poêles.	Coudes de tuyaux de poêles.	Plaques de dessous de poêles.	Pelles à feu.	Tisonniers.	Drapeaux ou pavillons.

TIE.

PAR LE CORPS DANS LE COMPTE DE GESTION
DU SERVICE DU GÉNIE.

Appareils pour illuminations.	Tonneaux d'arrosage.	Tableaux noirs.	Chevalets de tableaux noirs.	Pioches.	Pelles.	Brouettes.								OBSERVATIONS.

PROCÈS-VERBAL DE REMISE.

L (1) soussigné, reconnaît avoir reçu en bon état d'entretien les locaux et le matériel désignés dans le présent état descriptif.

A , le 19 .

L'Adjoint du génie, *L (1)*

Vu, le 19 .

Le Chef du génie,

(1) Officier ou adjudant chargé du casernement.

•CORPS D'ARMÉE.

PLACE d

19

• TRIMESTRE.

MODÈLE Nº 5.

Art. 66 du règlement sur
le service du caserne-
ment.

FORMAT: 0ᵐ,325 × 0ᵐ,215.

ETAT

des dégradations et pertes imputables au

DÉSIGNATION DES LIEUX.			NATURE des DÉGRADATIONS ET PERTES.	EVALUATION APPROXIMATIVE.	OBSERVATIONS.
ÉTABLISSE-MENTS.	BATIMENTS.	LOCAUX.			
			A reporter......		

DÉSIGNATION DES LIEUX.			NATURE des DÉGRADATIONS ET PERTES.	EVALUA- TION APPROXIMA- TIVE.	OBSERVATIONS.
ÉTABLISSE- MENTS.	BATIMENTS.	LOCAUX.			
			Report		
			A reporter		

DÉSIGNATION DES LIEUX.			NATURE des DÉGRADATIONS ET PERTES.	EVALUATION APPROXIMATIVE.	OBSERVATIONS.
ÉTABLISSE-MENTS.	BATIMENTS.	LOCAUX.			
			Report..........		
			Total.........		

A   , le   19 .

L'Adjoint du génie,   *Le Chef du génie,*

Accepté par le (1)   soussigné, le présent état des dégradations et pertes imputables au

A   , le   19 .

CERTIFICAT D'EXÉCUTION.

Le Chef du génie soussigné certifie que les réparations et remplacements imputés au   d'après l'état ci-contre du   19   ont été exécutés.

A   , le   19 .

(1) Major *ou* l'officier délégué.

COMPTE DÉFINITIF

des réparations et remplacements imputés au

INDICATION des PARTIES prenantes.	NATURE DES OUVRAGES.	QUANTI-TÉS.	PRIX.	MONTANT TOTAL par partie prenante.	ACQUITS.

ARRÊTÉ le montant du compte ci-dessus à la somme de

A   , le   19   .

Le Chef du génie

• CORPS D'ARMÉE.

PLACE D —

• Trimestre 19 .

MODÈLE Nº 6

Article 68 du règlement sur le service du casernement.

FORMAT : 0^m,325 × 0^m,215.

NOTA. — Les colonnes 5 à 9 ne sont remplies qu'après l'exécution des réparations et remplacements.

ÉTAT

des réparations et remplacements à exécuter par le sieur entrepreneur des travaux du   e lot au compte du

| DÉSIGNATION DES LIEUX. | | | NATURE | NUMÉROS | NATURE DES OUVRAGES. | QUANTITÉS. | PRIX | MONTANT. |
| ÉTABLISSE-MENTS. | BATIMENTS. | LOCAUX. | DES RÉPARATIONS et remplacements. | de série de prix. | | | de L'UNITÉ. | |
1	2	3	4	5	6	7	8	9
							A REPORTER............	

DÉSIGNATION DES LIEUX.			NATURE	NUMÉROS	NATURE DES OUVRAGES.	QUANTITÉS.	PRIX	MONTANT.
ÉTABLISSE-MENTS.	BATIMENTS.	LOCAUX.	DES RÉPARATIONS et remplacements.	de série de prix.			de L'UNITÉ.	
1	2	3	4	5	6	7	8	9
					REPORT............			
					TOTAL............			
					Surenchère ou rabais o/o........			
					SOMME DUE................			

L'entrepreneur du   e lot des travaux d'entretien de la place d   est invité à exécuter sans retard les réparations et remplacements ci-dessus désignés.

A   , le   19 .

Le Chef du génie,

Le chef du génie soussigné certifie que les réparations et remplacements désignés d'autre part ont été effectués et qu'ils sont dûment décomptés sur le règlement de comptes ci-dessus aux prix du marché de l'entrepreneur du   e lot des travaux d'entretien de la place d

A   , le   19 .

Le Chef du génie,

1re page.

GÉNIE.

—

Direction d

—

Place d

Modèle N° 7.

—

Article 71 du règlement
sur le service du caser-
nement.

Format : 0^m,325 × 0^m,215

REGISTRE DES DÉGRADATIONS

imputées aux corps, officiers, fonctionnaires ou employés militaires.

Le présent registre contenant   pages a été coté et paraphé
par le Directeur du génie soussigné.

A   , le   19

Vu le présent registre.

A   , le   19 .

Le   *inspecteur technique du génie.*

MODÈLE Nº 7.

DATES des procès-verbaux.	ÉTABLISSE-MENTS qu'ils concernent.	CORPS auxquels les imputations sont faites.	NUMÉROS de la série de prix.	NATURE	QUAN-TITÉS.	PRIX de l'unité	MONTANT

CORPS D'ARMÉE.

SERVICE
DU CASERNEMENT.

Nº (1) .

(1) La série des numéros est renouvelée par trimestre.

(2) Désignation de la compagnie, de l'escadron, de la batterie ou du service.

(3) Ces colonnes sont remplies par l'officier ou adjudant de casernement ou chargé du service.

(4) L'officier ou adjudant de casernement ou chargé du service.

(5) Commandant de l'unité ou chef de service.

• TRIMESTRE 19 .

Désigner
le corps ou la portion } de corps.

(2)

MODÈLE Nº 8.

—

Annexe nº 5 du règlement

FORMAT : 0ᵐ,215 × 0ᵐ,325.

ÉTAT des travaux demandés, au compte de la masse de casernement.

CASERNE.	BATIMENT.	NUMÉROS des chambres.	DÉTAIL DES RÉPARATIONS A EXÉCUTER	DIMENSIONS des OUVRAGES (3).	QUANTITÉS DE MATÉRIAUX employés (3).	OBSERVATIONS.

Vu pour exécution
et enregistré sous le nº .

Le Major,

A   le   1   .   (4)

Le (5)

Le   19 .

•CORPS D'ARMÉE.

SERVICE
DU CASERNEMENT.

MODÈLE Nº 9.

Annexe nº 5 du règlement

FORMAT : 0ᵐ,325 × 0ᵐ,215

Désigner le corps
ou la
portion de corps.

PLACE D

CARNET D'ENREGISTREMENT[1]

des états des travaux incombant à la masse de casernement

[1] Ce carnet est coté et paraphé par le sous-intendant militaire.

Exercice 19 .

NUMÉROS.	DATES.	UNITÉ ou SERVICE.	CASERNE.	BATIMENTS.	NUMÉROS des chambres.	NATURE DES TRAVAUX.	OBSERVATIONS.
4	7 avril.	9ᵉ compagnie.	Turenne	*b*	49	Enduits intérieurs.	
10	9 avril.	Commission des ordinaires.	Vauban	*d*	31	Vitrerie et serrurerie.	
11	Id.	Id.	Id.	*f*	1	Remplacement d'une marmite.	
23	25 avril.	Casernement.	Turenne	»	»	Entretien des cours et des plantations.	
32	26 avril.	10ᵉ compagnie.	Vauban	*c*	25 à 29	Blanchissages. Réparation de 2 tables.	

<table>
<tr><td>

CORPS D'ARMÉE.
—

SERVICE
DU CASERNEMENT.

</td><td>

MODÈLE Nº 10.
—

Annexe nº 5 du règlement

FORMAT : 0ᵐ,380 × 0ᵐ,245.

</td></tr>
</table>

Désigner le corps
ou
la portion de corps.

PLACE de

REGISTRE

DE L'OFFICIER CHARGÉ DU SERVICE DU CASERNEMENT.

Ce registre est coté et paraphé par le major et peut servir plusieurs années. Il est subdivisé en quatre sections.

SECTION I.

RECETTES DE LA MASSE DE CASERNEMENT.

Cette section et la section II permettent d'établir à tout moment la situation financière de la masse. La section I est totalisée à la fin de chaque trimestre; on reporte dans la colonne 3 le total des dépenses déduit de la section II. La balance indique la situation des crédits restant disponibles à la fin du trimestre.

SECTION II.

DÉPENSES DE LA MASSE DE CASERNEMENT.

Les bons de commande établis par l'officier chargé du service du casernement pour la fourniture des matières de consommation, des outils, etc., sont immédiatement inscrits en tous détails dans les colonnes 2, 3, 4, 5 et 6, et décomptés dans les colonnes 7, 8 et 9; en fin de trimestre, ces inscriptions successives permettent de vérifier les factures des fournisseurs, et l'on porte dans la colonne 1 le numéro de chacune des pièces de dépenses correspondantes. Le montant de chaque bon est réparti dans les colonnes 10 à 18, suivant les diverses rubriques du modèle. Ces dépenses sont totalisées à la fin de chaque trimestre et récapitulées, en fin d'exercice, pour être reportées au compte d'emploi annuel de la masse de casernement.

SECTION III.

SITUATION DES MATIÈRES DE CONSOMMATION EN MAGASIN A LA FIN DE CHAQUE TRIMESTRE.

L'officier chargé du service ne tient pas le compte des matières de consommation ; il se borne à relever, au dernier jour de chaque trimestre, les quantités qui existent en magasin et à établir, en fin d'exercice, le décompte des matières au prix moyen d'achat pour le porter au compte d'emploi de la masse de casernement. (Modification du 13 mai 1902, *B. O.*, p. 991.)

SECTION IV.

SITUATION DES OUTILS ET OBJETS DIVERS POUR L'EXÉCUTION DES TRAVAUX AU COMPTE DE LA MASSE DE CASERNEMENT.

Cette situation est tenue sous la forme d'un registre des entrées et des sorties; on récapitule dans une seule inscription, à la fin de chaque trimestre, les achats faits dans le cours du trimestre et compris dans les bons de commande inscrits dans la section II. Les outils et objets en usage sont inscrits par ordre alphabétique dans les colonnes successives; la balance des entrées et des sorties s'établit en fin d'exercice, et le décompte, au prix de la nomenclature pour les objets qui y figurent et au prix moyen d'achat pour les autres, donne tous les éléments de l'inventaire estimatif annuel qui doit être adressé au Ministre de la guerre avec les comptes-matières. (*Erratum*, 2ᵉ, 1905, p. 1393.)

Les arrêtés de ces diverses sections à la fin de chaque trimestre pour les sections II et III, et à la fin de chaque exercice pour les sections I et IV, sont certifiés par l'officier chargé du service et vérifiés par le major, qui constate ces vérifications par son visa. Le major inscrit à la première page du registre les recensements qu'il doit faire, en fin de trimestre, des matières de consommation inscrites à la section III et des outils et objets divers pour l'exécution des travaux au compte de la masse de casernement (section IV).

RECENSEMENTS EFFECTUÉS.

Modèle nº 10

Section I. — *Recettes de la masse de casernement.*

DATES. 1	DÉTAIL DES RECETTES. 2	MONTANT des RECETTES. 3	OBSERVA- TIONS. 4
191 .			
1er janvier.	Reste en avoir........................	450 75	
31 mars.	Primes du 1er trimestre (mandat nº 430 de M. le directeur du génie)...........	492 84	
Id.	Remboursement par le • régiment d'infanterie du montant de la réparation de 7 bancs exécutée pour son compte.	7 50	
	Totaux des recettes du 1er trimestre..	951 09	
	Report des dépenses du 1er trimestre..	368 26	
1er avril.	Reste en avoir.....................	582 83	

SECTION II. — *Dépenses de*

NUMÉROS DES PIÈCES de dépenses au registre du trésorier.	NUMÉROS DES COMMANDES.	DATES.	NOMS des FOURNISSEURS.	DÉTAIL DES FOURNITURES ACHETÉES et de la main-d'œuvre civile payée.	QUAN-TITÉS.	PRIX.
1	2	3	4	5	6	7
		191		*1er trimestre.*		
294	1	8 janv.	Cheminat.	Rempaillage de chaises............	15	0 75
127	2	11 janv.	Vela, chef armurier.	Remplacement de garnitures en drap de porte-canons aux râte-liers d'armes..............	1.400	0 008
307	3	15 janv.	Luiggi.	Verre simple............	9m2,60	1 90
194	4	22 janv.	Laurent.	Mastic de vitrier............	21k,000	0 30
				Plâtre blanc............	450k,000	2 20o/o
				Pointes ordinaires assorties........	10k,000	0 35
				Boulons à tête ronde ordinaires....	8k,000	0 55
				Mèche torse............	1	0 85
300	5	28 janv.	Robelin.	Fers fins du Berry de toute classe .	60k,000	0 46
				Fil de fer galvanisé (nos 5 à 10).....	2k,000	0 60
				Charnières	4	0 10
				Colle forte............	3k,000	1 20
				Serrures no 4 à pêne dormant......	6	3 50
312	6	7 févr.	Catelot.	Planches de chêne de 0m,41 sur 0m,21............	48m	1 60
				Lambourdes de chêne de 0m,08 sur 0m,08............	18m	1 20
				Doublettes de chêne de 0m,054 sur 0m,32............	3m,50	3 30
307	7	18 févr.	Luiggi.	Verre simple............	4m2,80	1 90
				Mastic de vitrier	6k,000	0 30
				Pointes de vitrier............	2k,000	1 00
				Minium	1k,500	0 90
				Pointes ordinaires assorties........	15k,000	0 35
				Vis à tête plate	30	0 09
				Boulons à tête ronde ordinaires....	6k,000	0 55
300	8	27 févr.	Robelin.	Limes bâtardes demi-douces........	3	0 75
				Soudure d'étain............	1k,000	1 50
				Fer feuillard............	50k,000	0 25
				Fil de fer galvanisé............	8k,000	0 60
				Tiers-point............	1	0 45
				Anneaux de tirage............	8	0 05
				A reporter............		

la masse de casernement.

| MONTANT DES DÉPENSES | | CLASSIFICATION DES DÉPENSES. | | | | | | DIVERS | | | OBSERVATIONS. |
| élémentaires. | des commandes | MAÇONNERIE. | MENUISERIE et ameublement. | SERRURERIE. | PEINTURE et vitrerie | FUMISTERIE et appareils de chauffage. | Entretien des cours. | Entretien des plantations. | Champs de manœuvres et de tir, stands, gymnases et école de natation, etc. | FOURNITURES de bureau, entretien et renouvellement de l'outillage, installation des ateliers, etc. | |
8	9	10	11	12	13	14	15	16	17	18	
11 25	11 25	»	11 25	»	»	»	»	»	»	»	
11 20	11 20	»	11 20	»	»	»	»	»	»	»	
18 24	24 54	»	»	»	24 54	»	»	»	»	»	
6 30											
9 90	9 90	9 90	»	»	»	»	»	»	»	»	
3 50											
4 40											
0 85											
27 60	62 55	»	11 90	49 80	»	»	»	»	»	0 85	
1 20											
0 40											
3 60											
21 00											
76 80											
19 80	108 15	»	108 15	»	»	»	»	»	»	»	
11 55											
9 12											
1 80	14 27	»	»	»	14 27	»	»	»	»	»	
2 00											
1 35											
5 25											
2 70											
3 30											
2 25											
1 50	33 15	»	11 65	18 80	»	»	»	»	»	2 70	
12 50											
4 80											
0 45											
0 40											
.....	275 01	9 90	154 15	63 60	38 81	»	»	»	»	3 55	

SECTION II. — *Dépenses de...*

NUMÉROS DES PIÈCES de dépenses au registre du trésorier.	NUMÉROS DES COMMANDES.	DATES.	NOMS des FOURNISSEURS.	DETAIL DES FOURNITURES ACHETÉES et de la main-d'œuvre civile payée.	QUAN-TITÉS.	PRIX.
1	2	3	4	5	6	7
				Report................	....	....
312	9	27 fév.	Catelot.	Lambourdes de chêne de $0^m,07$ sur $0^m,06$.................	$16^m,00$	1 10
294	10	8 mars	Cheminat.	Planches de sapin de $0^m,23$ sur $0^m,027$	$10^m,00$	0 60
				Rempaillage de chaises.............	16	0 75
300	11	14 —	Robelin.	Lampe à souder.................	1	16 50
				Fers marchands de toute sorte.....	60k,000	0 25
				Couleurs ordinaires à l'huile préparées......................	15k,000	0 80
307	12	25 —	Luiggi.	Blanc de céruse broyé à l'huile....	6k,000	0 60
				Colle de peau ordinaire............	5k,000	0 25
				Essence de térébenthine...........	2k,000	1 00
				Ocres rouge et jaune...............	10k,000	0 25
325	»	31 —	Entrepreneurs du génie du camp de.	Remplacements effectués au camp de :		
				Clés non forées en remplacement..	6	0 80
				TOTAL des dépenses du 1er trimestre.	....	....

CERTIFIÉ :

(1) L......

VU ET VÉRIFIÉ :

Le Major,

VU :

Le Sous-Intendant militaire,

2e trimestre.

(1) L'officier ou adjudant de casernement ou chargé du service.

MODÈLE Nº 10.

la masse de casernement (suite).

MONTANT DES DÉPENSES		CLASSIFICATION DES DÉPENSES.					DIVERS				OBSERVATIONS.
élémentaires.	des commandes	MAÇONNERIE.	MENUISERIE et ameublement.	SERRURERIE.	PEINTURE et vitrerie	FUMISTERIE et appareils de chauffage.	Entretien des cours.	Entretien des plantations.	Champs de manœuvres et de tir, stands, gymnases et école de natation, etc.	FOURNITURES de bureau, entretien et renouvellement de l'outillage, installation des ateliers, etc.	
8	9	10	11	12	13	14	15	16	17	18	
......	275 01	9 90	154 15	68 60	38 81	»	»	»	»	3 55	
17 60 / 6 00	23 60	»	23 60	»	»	»	»	»	»	»	
12 00	12 00	»	12 00	»	»	»	»	»	»	»	
16 50 / 15 00	31 50	»	»	15 00	»	»	»	»	»	16 50	
12 00 / 3 60 / 1 25 / 2 00 / 2 50	21 35	»	»	»	21 35	»	»	»	»	»	
4 80	4 80	»	»	4 80	»	»	»	»	»	»	
......	368 26	9 90	189 75	88 40	60 16	»	»	»	»	20 05	

SECTION III. — *Situation des matières de consommation au dernier jour de chaque trimestre.*

DÉSIGNATION des MATIÈRES DE CONSOMMATION.	31 mars.	1902.					1903.					
		30 juin.	30 septembre.	31 décembre.	PRIX MOYEN d'achat.	DÉCOMPTE AU 31 décembre.	31 mars.	30 juin.	30 septembre.	31 décembre.	PRIX MOYEN d'achat.	DÉCOMPTE AU 31 décembre.
Maçonnerie (1).												
Briques { de Bourgogne...	60	12	75	32	0,08	2,56						
Briques { du pays.........	22	46	38	24	0,06	1,44						
Briques { réfractaires.....	24	24	24	12	0,10	1,20						
Chaux { grasse.........	10^t	30	15	7	0,02	0,14						
Chaux { hydraulique.....	12^{kg}	18	60	14	1,50 °/₀ ^{k}	0,21						
Ciment de Vassy.........	15^{kg}											
Plâtre blanc.............	8^{kg}											
Sable de rivière.........	1^{m3},500											
Menuiserie.												
Feuilles de sapin de 0,013 sur 0,22.....	2^m,60											
Lambourdes de chêne de 0,08 sur 0,08.....	1^m,27											
Lambourdes de chêne de 0,07 sur 0,06.....	4^m,55											
Planches de chêne de 0,041 sur 0,021.....	3^m,18											
Planches de sapin de 0,027 sur 0,23.....	4^m,42											
Serrurerie.												
Boulons à tête ronde ordinaires.....	8											
Fers marchands de toute sorte.....	23^{kg},700											
Fer fin du Berry.....	15^{kg},500											
Fer feuillard.............	8^{kg},400											
Fil de fer galvanisé.......	4^{kg},200											
Pointes ordinaires assorties.....	2^{kg},500											
Vis à tête carrée.........	32											
Vis à tête ronde.........	65											
Soudure d'étain.........	2^{kg},300											

(1) Modification du 13 mai 1902, B. O., p. 931.

DÉSIGNATION des MATIÈRES DE CONSOMMATION.	1902.						1903.					
	1er janvier.	30 juin.	30 septembre.	31 décembre.	PRIX MOYEN d'achat.	DÉCOMPTE AU 31 décembre.	31 mars.	30 juin.	30 septembre.	31 décembre.	PRIX MOYEN d'achat.	DÉCOMPTE AU 31 décembre.
Peinture et vitrerie.												
Blanc de céruse	1^{kg},700											
Colle de peau	0^{kg},350											
Couleurs ordinaires	8^{kg},250											
Essence de térébenthine..	0^{kg},325											
Huile de lin	0^{l},870											
Minium	0^{kg},500											
Pointes de vitrier........	0^{kg},740											
Siccatif en poudre.......	0^{kg},455											
Verre simple............	12^{m2},60											
Fumisterie.												
Plombagine.............	5^{kg},250											
Divers.												
Gravier pour empierre-ment des cours........	4^{m3},500											

CERTIFIÉ :

L (1)

VU ET VÉRIFIÉ :

Le Major,

VU :

Le Sous-Intendant militaire,

(1) L'officier ou adjudant de casernement ou chargé du service

SECTION IV. — *Situation des outils et objets divers pour*

DATES.	NUMÉROS DES BONS.	DÉTAIL DES OPÉRATIONS.	BALAIS DE CRIN.	BÉDANES.	BOUVETS.	BROSSES EN FIL DE FER.	BROSSES A BLANCHIR.	BURINS DE SERRURIER.							
		Entrées.													
		Existant au 1er janvier 19 .													
31 mars.		Acheté (1er trimestre)......													
Id.		Confectionné (1er trimestre).													
30 juin		Acheté (2e trimestre).......													
30 sept.		Acheté (3e trimestre).......													
31 déc.		Acheté (4e trimestre).......													
Id.		Confectionné (4e trimestre).													
		TOTAUX des entrées........													
		Sorties.													
31 mars.		Usure naturelle (1er trimestre)													
Id.		Objets perdus (1er trimestre).													
30 juin		Usure naturelle (2e trimestre)													
30 sept.		Usure naturelle (3e trimestre)													
Id.		Objets perdus (3e trimestre).													
31 déc.		Usure naturelle (4e trimestre)													
		TOTAUX des sorties........													
		RESTE au 31 décembre 19													
		PRIX MOYEN d'achat....													
		DÉCOMPTE à inscrire à l'inventaire estimatif annuel.....................													

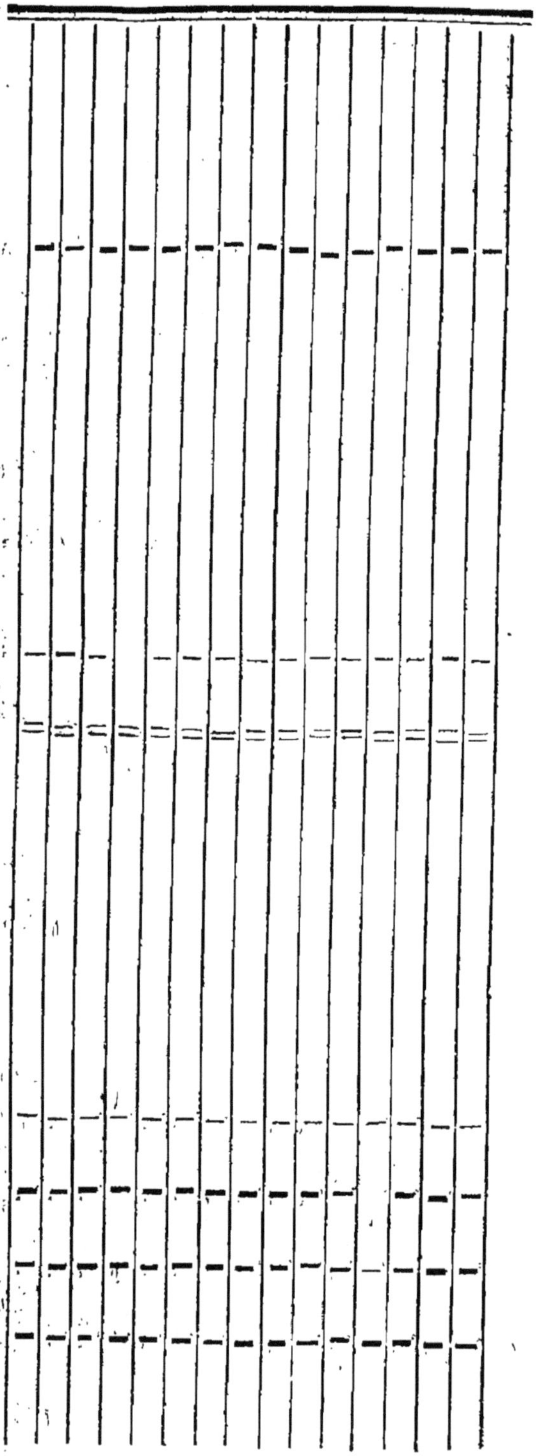

Modèle N° 10.

l'exécution des travaux au compte de la masse de casernement.

CERTIFIÉ :

L (1)

VU et VÉRIFIÉ :

Le Major,

VU :

Le Sous-Intendant militaire,

(1) L'officier ou adjudant du casernement ou chargé du service.

MODÈLE N° 11.

Annexe n° 5 du Règlement

FORMAT : 0^m,325 $\times$ 0^m,215

Désigner le corps. {

COMPTE D'EMPLOI

LA MASSE DE CASERNEMENT PENDANT L'EXERCICE 19

RECETTES.

NUMÉROS des pièces de recette.	DÉTAIL DES RECETTES.	1er TRIMES-TRE.	2e TRIMES-TRE.	3e TRIMES-TRE.	4e TRIMES-TRE.	TOTAUX.	OBSERVATIONS.
	L'excédent des recettes au 1er janvier était de.	»	»	»	»	450 75	
24, 49, 68, 98.	PLACE de Primes trimestrielles...	492 84	492 84	492 84	492 84	1.971 36	
	Remboursement par le ᵉ régiment d'infanterie du montant de la réparation de sept bancs exécutée pour son compte..........	7 50	»	»	»	7 50	
	TOTAUX pour la place de	500 34	492 84	492 84	492 84	1.978 86	
	PLACE de Primes trimestrielles...	229 10	229 10	229 10	229 10	916 40	
	TOTAUX pour la place de	229 10	229 10	229 10	229 10	916 40	
	TOTAL des recettes.....................					3.471 41	

DÉPENSES.

NUMÉROS DES PIÈCES DE DÉPENSES.	MAÇONNERIE.	MENUISERIE ET AMEUBLEMENT.	SERRURERIE.	PEINTURE ET VITRERIE.	FUMISTERIE ET APPAREILS DE CHAUFFAGE.	DIVERS. Entretien des cours.	Entretien des plantations.	Entretien des champs de manœuvre et de tir, des stands, gymnases, écoles de natation, etc.	FOURNITURES DE BUREAU, entretien et renouvellement de l'outillage, installation des ateliers. etc.	TOTAUX.	OBSERVATIONS.
				PLACE de							
127	»	11 20	»	»	»	»	»	»	»	11 20	
194	9 90	»	»	»	»	»	»	»	»	9 90	
294	»	23 25	»	»	»	»	»	»	»	23 25	
300	»	23 55	85 85	»	»	»	»	»	17 80	127 20	
307	»	»	»	60 16	»	»	»	»	»	60 16	
312	»	108 15	»	»	»	»	»	»	»	108 15	
325	»	»	4 80	»	»	»	»	»	»	4 80	
TOTAUX..	99 83	1.056 80	410 24	403 85	87 97	23 55	»	52 23	70 »	2.204 47	
				PLACE de							
144	»	»	17 50	»	»	»	»	»	»	17 50	
188	»	»	12 25	»	»	»	»	»	»	12 25	
TOTAUX..	43 41	239 86	209 91	182 97	22 40	»	29 45	»	47 35	775 35	

RÉCAPITULATION.

	MAÇONNERIE.	MENUISERIE ET AMEUBLEMENT.	SERRURERIE.	PEINTURE ET VITRERIE.	FUMISTERIE ET APPAREILS DE CHAUFFAGE.	Entretien des cours.	Entretien des plantations.	Entretien des champs de manœuvre, etc.	FOURNITURES DE BUREAU, etc.	TOTAUX.
Place de ..	99 83	1.056 80	410 24	403 85	87 97	23 55	»	52 23	70 »	2.204 47
Place de ..	43 41	239 86	209 91	182 97	22 40	»	29 45	»	47 35	775 35
TOTAUX GÉNÉRAUX	143 24	1.296 66	620 15	586 82	110 37	23 55	29 45	52 23	117 35	2.979 82

EXCÉDENT des dépenses au 1ᵉʳ janvier 190 .... »

TOTAL GÉNÉRAL des dépenses..................... 2.979 82

BALANCE (1).

	fr.	c.
Les recettes, y compris l'excédent des recettes au 1er janvier de l'exercice expiré, sont de	3.471	41
Les dépenses, y compris l'excédent des dépenses au 1er janvier de l'exercice expiré, sont de	2.979	82
Il y a, d'après la clôture des comptes de l'exercice, un excédent de recettes de	491	59
Valeur des outils et objets figurant à l'inventaire estimatif annuel	234	65
Valeur des matières de consommation existant au 31 décembre 190	128	13
Avoir total de la masse au 31 décembre 190..........	854	37

Certifié par nous, membres du Conseil d'administration, le présent compte d'emploi de la masse de casernement, duquel il résulte un excédent de recettes de *quatre cent quatre-vingt-onze francs cinquante-neuf centimes* et un avoir total de *huit cent cinquante-quatre francs trente-sept centimes.*

A   , le   19

Vu et vérifié :

A   , le   19

Le Sous-Intendant militaire,

(1) Modifications du 13 mai 1902. *B. O.*, p. 991.

TABLE MÉTHODIQUE.

---

(1) Voir à la page suivante la table chronologique des documents.

TABLE CHRONOLOGIQUE.

Paris et Limoges. — Impr. et libr. milit. Henri CHARLES-LAVAUZELLE.

www.ingramcontent.com/pod-product-compliance
Ingram Content Group UK Ltd.
Pitfield, Milton Keynes, MK11 3LW, UK
UKHW022216120726
13694UKWH00002B/569